電子マネー、スマホ決済…
キャッシュレスで得する！
お金の新常識

岩田昭男

青春新書
INTELLIGENCE

はじめに——キャッシュレス化によって大きく変わるお金の常識

世界でキャッシュレス化が進んでいる。

キャッシュレスとは、クレジットカードや電子マネーなどを使って現金のやりとりをせずにモノやサービスを買うことだ。最近では、そこにスマートフォン（スマホ）決済が加わり、キャッシュレス化がさらに加速している。

アメリカや中国、ヨーロッパの多くの国々では、年間決済額の50％前後がキャッシュレスで行われているし、韓国に至っては90％近い比率だ。世界中で現金離れが進んでいるのだ。

キャッシュレス化においては世界に後れを取っていた日本でも、２０２０年の東京オリンピック・パラリンピック開催もあり、キャッシュレス化が急速に進みだしている。

なぜ、世界でキャッシュレス化が進んでいるのかは本文に譲るとして、私たち一般生活者がまず知っておきたいのは、キャッシュレス化の進展で、キャッシュレス決済と現金払いとで支払額やサービスにおいて差が広がってきている事実だ。

いい例が電車だ。現金で切符を買って電車に乗るより、Ｓｕｉｃａ（スイカ）などのＩ

Cカードで乗車するほうが安くなることはご存じだろう。最近では、そこにさらにさまざまなポイント特典がつくなど、ICカード利用が現金払いに比べてますますお得になっている流れがある。お金の常識が大きく変わってきたのだ。

そこで本書では、いま日本と世界で起こっているキャッシュレス化の流れを、わかりやすく解説した。クレジットカードにデビットカード、電子マネー、デジタル通貨、仮想通貨、スマホ決済、ApplePay（アップルペイ）、GooglePay（グーグルペイ）……などなど、いろいろあってよくわかりにくいという人でも、スッキリ整理できるように書いたつもりだ。

もちろん、キャッシュレス社会になったからといって、誰もがキャッシュレスで買い物をせよ、現金払いは時代遅れだ、などというつもりはない。ただ、キャッシュレス化で何が起こっているのか、どんなメリットがあるのか（デメリットがあるのか）を知った上で、どう対応するかを考えるのと、知らなくて対応できないのとでは、大きな違いがある。

知らなかったために大きく損していた、ということがないように、本書がお役に立てば幸いだ。

岩田昭男

キャッシュレスで得する！ お金の新常識　目次

はじめに――キャッシュレス化によって大きく変わるお金の常識　3

第1章 まだ財布なんて持ち歩いてるの?!

「えっ、日本ではペイウェーブが使えないの？」　16
初詣のお賽銭もキャッシュレスに?!　17
「現金お断り」のファミレスも登場！　19
競馬場から馬券がなくなる日　20
キャッシュレスの基本はクレジットカードと電子マネー　22
クレジットカードとデビットカードの違い　24
アップル、グーグルが参入したスマホ決済　27

いま注目はＱＲコードによるスマホ決済　29
日本企業もＱＲコードを使ったスマホ決済に続々参入　32

第2章 キャッシュレス後進国・日本にも大きな変化が

日本政府が推し進める〝2020年のキャッシュレス革命〟　36
真の狙いは現金のハンドリングコストの削減？　38
世界で高額紙幣が次々と廃止になっている背景　41
キャッシュレス化で世界に後れを取る日本　44
「借金」を嫌う国民性　46
クレジットカードを持ちたがらなかった本当の理由　47
日米欧の金融資産構成比較に見る、日本人の現金志向　48
現金信仰が強かった大阪にも変化が　50
地域で変わるキャッシュレスの浸透度　52

北陸新幹線開通で意識が変わった金沢 53
地方にも根づきはじめたキャッシュレス生活 54

第3章 ここまで進んでいる! 世界のキャッシュレス最前線

中国の消費生活を変えた銀聯カード 58
スマホ決済によって一躍キャッシュレス社会に 59
利用履歴で信用度をはかるクレジットスコア 60
アリペイのゴマ信用で中国人のお行儀がよくなる? 62
世界トップを走る韓国のキャッシュレス事情 62
世界最先端の「電子国家」エストニア 64
法定デジタル通貨発行に乗り出すスウェーデン 66
スウェーデンの現金使用比率が急減した秘密 67
紙幣の発行をやめたデンマーク 68

シンガポールのキャッシュレス状況　69
買い物の究極のカタチ？「アマゾンＧＯ」　70

第4章 キャッシュレスの先導役を果たしたクレジットカード

ネット通販の拡大で増えるクレジットカード払い　74
サービス競争が激化する日本ならではの事情　76
知ってるようで知らないクレジットカードの仕組み　78
クレジットカードの功罪　79
始まりはアメリカの富裕層からだった　81
マスターカードとＶＩＳＡの誕生　82
巨大化する国際ブランド　84
クレカの支払いにも小切手がよく使われるアメリカ　85
日本の戦後消費を支えたチケット・クーポン　87

クレジットカード時代の幕開けとなった60年代　89
銀行系カードの誕生と国際ブランドの参入　90
「イシュアー」と「アクワイアラー」で一気に拡大　91
再編が始まった日本のクレジットカード業界　92
異業種からの相次ぐ参入で〝脱現金〟が本格化　94
多様化を見せるクレジットカード　95
「ポイント」が今後の行方を左右する　98

第5章

キャッシュレス時代の覇を競う「ポイント」サービス大戦争

消費者から選ばれだした「三通カード」　102
現金との戦いのために生まれたポイントサービス　106

還元率の高さで身を削り合う 108
グループの垣根を越える共通ポイントの誕生 110
共通ポイントの元祖Tポイント 112
ローソンで貯めるならPontaポイント 114
楽天ユーザーなら必ず貯めたい楽天スーパーポイント 115
dポイントはドコモユーザーには断然有利 116
JR東日本もJRE POINTで参入 117
ポイントサービスの行方は 118

第6章 新たな主役「電子マネー」と「スマホ決済」を賢く使いこなす

うまく活用したい電子マネーのオートチャージ機能 122

圧倒的発行枚数を誇るＳｕｉｃａ　123
Ｓｕｉｃａのチャージ機能拡大と共通ポイント化　125
ＪＲ東日本の戦略は「駅ナカから街ナカへ」　127
流通系電子マネーもオートチャージ機能を搭載　128
クレジットカードと電子マネーの似て非なる関係　130
日本人の消費行動を大きく変えたスマホ　131
非接触ＩＣカード型スマホ決済　132
■アップルペイ　134
■グーグルペイ　134
■Ｖｉｓａペイウェーブ　135
中国で生まれたＱＲコード型スマホ決済　136
■楽天ペイ　136
■ＬＩＮＥペイ　137
■オリガミペイ　137
■ｄ払い　138

■アリペイ　138
■ウィーチャットペイ　139
自分に合った「クレカ＋電子マネー＋ポイントカード」組み合わせ例　140
■電車利用重視派には　142
■通信重視派には　143
■買い物重視派には　144
知っておきたい、スマホの紛失・盗難への備え　145

第7章

フィンテックが切り開くキャッシュレスの新地平

フィンテックが生み出す4つの新サービス　148
QRコード型決済の魅力と問題点　149
注目を集める仮想通貨とブロックチェーン　151
決済手段ではなく投機商品　152

メガバンクが開発を急ぐデジタル通貨　153
楽天コインが目指すのは〝世界共通ポイント〟？　155
私たちの生活を大きく変えうるブロックチェーン　156
進化する資産管理・家計簿アプリ　158
家計簿アプリでカードライフが向上？　159
ＡＰＩがもたらす銀行とフィンテック企業の連携　161
新しいデビットカードが地銀を救う？　162
銀行があなたの資産運用アドバイザーになる日　164
家計簿アプリで家計の「見える化」を実現　165
ここまで進歩した残高照会アプリ　168
フィンテック＋ＡＩによる融資システムの登場　172
ソフトバンクが融資サービスに参入した狙い　174
広がるサービス格差に取り残されないために　176

エピローグ

2020年のキャッシュレス革命とその後

キャッシュレス決済比率80%を目指す日本 180
キャッシュレス化の次なる潮流 181
個人情報の不正流出を阻止するには 186

※本書に出てくる数値・サービス等はとくに断り書きのないものは２０１８年５月現在のものです。
※本文中、１ドル＝１１０円　１ユーロ＝１３０円で計算しています。

第1章

まだ財布なんて持ち歩いてるの?!

「えっ、日本ではペイウェーブが使えないの？」

おそらく多くの人がまだあまりピンときていないかもしれないが、いま日本政府はキャッシュレス化を強力に推進している。

世紀の大イベント、東京オリンピックが開かれる２０２０年までに海外との〝キャッシュレス格差〟を少しでも縮めたい、日本にやってくる外国人観光客に少しでもたくさんお金を使ってもらいたいというのが、政府と経済界の正直な思いだ。

先日、オーストラリアに住む私の知人が久しぶりに日本に帰ってきて嘆いていた。「Ｖｉｓａ ｐａｙＷａｖｅ（ビザペイウェーブ）」が使える店がほとんどないのだという。ペイウェーブはオーストラリアでは広く使われているキャッシュレスの決済手段で、大抵の店で利用することができるという。「それに比べて日本は……」と知人はいいたげだった。

２０１２年のロンドン・オリンピックでは、ＶＩＳＡが短期間に14万カ所の加盟店にペイウェーブの読み取り端末を配って、外国からやってくるカード利用客に対応した。それをきっかけに、イギリスをはじめヨーロッパはＩＣカード時代に入ったといわれている。

日本で果たしてそうしたことが可能だろうか。

それでもようやく、フィンテック（FinTech＝金融とテクノロジーを組み合わせた造語）の進展によってこれまでの決済のかたちが大きく変わり始め、キャッシュレス化の新しい波がいたるところに押し寄せているのも事実だ。

初詣のお賽銭もキャッシュレスに?!

たとえば、日本の風物詩の一つ初詣で、小銭を賽銭箱に投げ入れ、一年の無病息災を祈るという光景も、もしかしたら見られなくなるかもしれない。なんとお賽銭をスマホ決済や電子マネーで払える神社があるのだ。

初詣に行くと、神社の境内の手水舎《ちょうずや》で手と口を清めて神前にある賽銭箱にお金を入れてから参拝するというのが一般的だ。ところが、東京・港区の愛宕《あたご》神社には普通の賽銭箱とは別に、初詣期間の特定の日に限ってだが、電子マネー専用の〝賽銭箱〟が置かれている。２０１８年にはスマホ決済サービスによるお賽銭も可能になった。

そして、そこには「楽天ペイでのお賽銭はこちら　楽天ペイアプリでＱＲを読み取りください」「楽天Ｅｄｙでのお賽銭はこちら　使い方　壱、金額を入力し、確定ボタンを押す　弐、カードをタッチしてください」といった手書きの説明が添えられていた。

楽天ペイは2016年から楽天が始めたスマホ電子決済サービスで、スマホでQRコードを読み取り、金額を入力するだけ。電子マネーなら、読み取り機のテンキーに金額を入力し、楽天Edy（エディ）のカードをかざす。

使えるのは楽天ペイと楽天Edyだけで、ほかのスマホ決済サービスや電子マネーはNGだ。なぜ楽天なのかというと、楽天の三木谷浩史会長兼社長が毎年、愛宕神社に初詣に来ているという縁から、楽天側から楽天Edy専用の賽銭箱を置いてはどうかという提案があり、愛宕神社がそれを受け入れたのだという。

そんな経緯もあってか、防火、防災、商売繁盛、結婚などのほか、印刷・コンピュータ関連のご利益があると、愛宕神社のホームページには記されている。

愛宕神社のようにお賽銭を電子マネーで払うというわけにはいかないけれど、茨城県にある鹿島神宮は三越伊勢丹グループのエムアイカードと提携した「鹿島神宮カード」を発行している。このカードを利用して貯まったポイントは神社のお祭りや文化財保護に寄付される。日本の文化の要《かなめ》ともいえる神社とクレジットカードのコラボレーションは、キャッシュレス化の進展を象徴する出来事のひとつといえそうだ。

「現金お断り」のファミレスも登場！

以前からレストランではクレジットカードが使えたが、最近ではファストフード店の多くで電子マネーが利用できるようになっている。たとえば、牛丼チェーンのすき家では楽天ＥｄｙのほかにＱＵＩＣＰａｙ（クイックペイ）、ｉＤ（アイディ）、さらにはＳｕｉｃａ（スイカ）などの交通系電子マネーが使える。吉野家はＷＡＯＮ（ワオン）だけだが、ハンバーガーチェーンのモスバーガーでは楽天Ｅｄｙのほかに、やはりＳｕｉｃａを筆頭にした交通系電子マネーが使える。

さすがに〝アメリカ生まれ〟のマクドナルドはキャッシュレス化が徹底していて、ｉＤ、楽天Ｅｄｙ、ＷＡＯＮ、クイックペイ、ｎａｎａｃｏ（ナナコ）、さらにＳｕｉｃａなどの交通系電子マネーと、ほぼすべての電子マネーに対応する。

海外で使われているビザペイウェーブやマスターカードコンタクトレスなどのタイプＡ／Ｂ型の非接触型ＩＣ決済（24ページ）の電子マネーにも対応する機能を搭載している。

しかもマクドナルドは、電子マネーだけではなく、ＶＩＳＡやマスターカード、ＪＣＢなどに加えて、ＮＴＴドコモのｄカードといったクレジットカードにも対応している。

もはや外食するのに現金はいらないといっていいほどだが、ついに「現金お断り」のレストランも現れた。

2017年11月に東京・中央区の馬喰町《ばくろうちょう》にオープンした、ロイヤルホールディングスが運営する実験店舗「GATHERING TABLE PANTRY（ギャザリング・テーブル・パントリー）馬喰町店」では、前述した楽天のEdyや楽天ペイ、Suica、nanaco、クイックペイなどの電子マネーと、クレジットカード決済に限られ、現金は使えない。

店内のテーブルにはiPadが置かれていて、注文はiPadで行う。食事が終わったらiPadの支払いボタンにタッチする。店員が持ってきた読み取り端末などを使って電子マネーやクレジットカードで支払いをすませる。

当然のことだが、会計のためのレジはないし、現金を電子マネーにチャージすることもできない。現金はこの店では〝ご法度《はっと》〟なのだ。

競馬場から馬券がなくなる日

街ナカや駅の構内では電子マネーが使えるタイプの自販機が増えているが、スマホの電子決済サービスに対応するものも出てきた。

伊藤園では2017年12月から中国の「WeChat Pay（ウィーチャットペイ）」

と「LINE Pay（ラインペイ）」で決済ができる自販機の設置を開始した。さらに同社は、2018年1月から、りそな銀行の一部の支店内にGMOフィナンシャルゲートと共同開発したマルチ決済対応自販機を設置。現金のほかにVisaデビットカードでお茶やコーヒーが買えるようになった。

ここにきて、QRコードをスマホで読み取る中国の「アリペイ」や「ウィーチャットペイ」が使える店がコンビニ（ローソン）、デパート（髙島屋）、家電量販店（ヤマダ電機）などを中心に急増している。

全国的な知名度があるスーパーのイオン、ディスカウントストアのドン・キホーテ、牛丼のすき家を運営するゼンショーなどもそうだ。

ただし、いまはあくまで日本を訪れる中国人観光客に対応するためだが、近く日本人向けに〝オープン化〟される予定ともいわれている。

そんな中国人観光客も競馬場まではなかなか足を運ばないだろうが、2018年秋からはなんと競馬場でもキャッシュレスで馬券（勝馬投票券）が購入できるようになる。

非接触型ICカード・JRA‐UMACAを専用のキャッシュレス券売機にかざすと馬券の代わりにレシートが出てくるというもので、JRA（日本中央競馬会）は2018年

9月の東京競馬場を皮切りに、全国の競馬場に順次このシステムを導入していく予定だ。「馬券」がなくなってしまうとなると、ファンの思いはいささか複雑かもしれないが。

地方競馬の東京シティ競馬では、一足先に2015年からプリペイドカードのTCKプレミアムカードを発行し、競馬が楽しめるようになっている。

ギャンブルがらみでは、10月からはドリームジャンボや自治体宝くじなどの宝くじがパソコンやスマホを使ってクレジットカードで誰でも24時間自由に買えるようになる（ナンバーズやロトはすでに購入可能）。現在はみずほ銀行に口座があればドリームジャンボなどの宝くじを買うことができるが、政府は地方自治体の財源確保を理由に、このしばりをなくす。

キャッシュレスの基本はクレジットカードと電子マネー

ここまで読んで、決済手段があまりにもたくさんあって複雑でわかりにくいと感じる方が多いかもしれない。そこで、キャッシュレス、つまり現金なしで決済（代金を支払う）する手段にはどんなものがあるのか、あらためてまとめてみよう。

まずクレジットカード。その中で、世界中どこでも利用できる仕組みをつくって運営するのが国際ブランドと呼ばれる大手クレジットカード会社だ。国際ブランドは現在、VISA、マスターカード、ダイナースクラブ、アメリカン・エキスプレス、ディスカバー（アメリカの新興ブランド）、中国銀聯《ぎんれん》カードに、日本のJCBを加えた7社。

この国際ブランドと契約して、日本で国際ブランドが使えるクレジットカードの発行を行っているのが三井住友カードや三菱UFJニコス、クレディセゾン、オリエントコーポレーション、エポスカード、トヨタファイナンス、楽天カード、ビューカードなど。これらを一般カード会社と呼び、そこが発行するカードを「プロパーカード」という。

さらに、これら一般カード会社と提携した企業・団体が共同で発行するさまざまなカードを「提携カード」という。アマゾンで買い物をして優遇されるアマゾンカードは三井住友カードの提携カードであるし、ビックカメラとSuicaで利用で得をするビックカメラSuicaカードは、ビューカードの提携カードだ。

次に電子マネー。こちらは発行元によって種類が異なる。主にJRや地下鉄とその周辺で使えるのが、鉄道会社が発行する交通系電子マネーのSuica、PASMO（パスモ）、ICOCA（イコカ）、PiTaPa（ピタパ）など。コンビニやスーパーなどで使い勝手がいいのが流通系電子マネーで、楽天Edy（運営は楽天Edy）、WAON（同イオン）、

ｎａｎａｃｏ（同セブン・カードサービス）、ｉＤ（同ＮＴＴドコモ）、クイックペイ（同ＪＣＢ）などがある。

これらはソニーが開発した非接触型ＩＣカード技術フェリカを使った電子マネーだが、同じ非接触型には、ほかにもタイプＡ／Ｂ型の非接触型ＩＣカード技術を使っている国際ブランド系のビザペイウェーブやマスターカードコンタクトレスなどもある。

タイプＡ／Ｂ型は国際規格で、もともとは欧米を中心に広く使われていた。しかし、規格の異なるフェリカが普及した日本では、タイプＡ／Ｂ型に対応する読み取り機を備えた店舗が少ないため、ペイウェーブなどがなかなか一般的なキャッシュレス決済手段になっていない。それが、冒頭の知人の嘆きにつながるのである（ただし、２０１８年夏から大手コンビニチェーンが対応を開始する）。

クレジットカードとデビットカードの違い

決済という視点で見ると、クレジットカードは後払い（ポストペイ）で、電子マネーは前払い（プリペイド）のものが多いが、ピタパやクイックペイなどは後払い。この違いは重要で、カード選びやショッピングのときのひとつの基準になる。

前払いということで忘れてならないのが、前もってお金をチャージして使うプリペイドカード。国際ブランドやクレジットカード会社、携帯キャリア、その他多くの企業が独自にさまざまなプリペイドカードを発行している。

ネット専用のプリペイドカードもある。コンビニ店頭で購入できる「iTunesカード」「Google Playカード」などだ。これらは用途が決まっているが、ネット上のVISAやマスターカードの加盟店でオンラインショッピングができるものもある。クレジットカードのような与信（信用に基づいて金銭等を貸与すること）審査はもちろん、本人確認も必要ないことから、一部の利用者の間で人気だ。

キャッシュレスの別の決済手段であるデビットカードは、前払いでも後払いでもない。自分の銀行口座からすぐにお金が引き落とされる即時払い（決済）が大きな特徴だ。クレジットカードと違って面倒な審査もなく、銀行口座があれば誰でも持てるカードで、買い物して読み取り機にカードを差し込み、暗証番号を押すだけなので使い方も簡単。ところが日本ではあまりなじみがない。

そもそも日本では、ゆうちょ銀行を含めた銀行のキャッシュカードがそのままデビットカードとして使える。「J-Debit（ジェイデビット）」という名前までついている。

しかし、キャッシュカードがデビットカードのＪ－Ｄｅｂｉｔとして使えることを知っている人、そして実際に使ったことがある人は少ないのではないだろうか。Ｊ－Ｄｅｂｉｔの読み取り端末を備えた加盟店が少ないことや、クレジットカードが普及していて、デビットカードを使う理由がないためだ。

電子マネー（プリペイド）	電子マネー（ポストペイ）
前払い（事前にお金をチャージしておく）	後払い（後日、クレジットカードにまとめて請求）
低めだが、クレジットカードに紐づけて使うと、ポイント二重取りができることも	クレジットカードのポイントがそのままつくことが多い
Suica、PASMO、楽天 Edy、WAON、nanaco、au WALLET など	QUICPay、i D（前払いも可）

日本の銀行の多くが、国際ブランド2社（ＶＩＳＡ、ＪＣＢ）と提携してＪ－Ｄｅｂｉｔとは別のデビットカードも発行しており、両者の決済金額はほぼ拮抗している。メガバンク3行のデビットカードは、それぞれ三菱ＵＦＪデビット、ＳＭＢＣデビット、みずほＪＣＢデビットという名称だ。後に述べるように、こちらのデビットカードは徐々に消費者の間に浸透し始めている。

２０１８年4月からこのデビットカードが大化けしてキャッシュアウト機能が加わった。キャッシュアウトとは、たとえばこういうことだ。利用

(図表1) クレジットカード、デビットカード、電子マネーの違い

	クレジットカード	デビットカード
支払い方法	後払い(後日、銀行口座から引き落とし)	即時払い(決済時に銀行口座から引き落とし)
ポイント還元率	高め	低め
主なもの	VISA、Mastercard、JCB、アメリカン・エキスプレス、ダイナースなど	三菱 UFJ デビット、SMBC デビット、みずほ JCB デビット、J-Debit、各種提携デビットカードなど

者が1万円の引き落とし請求をして、5000円の洋服を買ったとすると、お釣りの5000円を現金で出してくれるというもの。イオンの一部の店舗でスタートしている。

キャッシュカードとして使って自分の口座から引き落とすのと同じことだが、このように決済機能と現金の引き出しが同時にできるようになる。デビットカードは即時払いなので、信用性が高い。今後のキャッシュレス決済のひとつの目玉となりそうだ。

アップル、グーグルが参入したスマホ決済

この1~2年の間に急速に台頭してきたのが、スマホ決済サービスだ。

従来、日本では、いわゆる「おサイフケータイ」

機能がついた携帯やスマホを使って電子マネーやクレジットカード決済をすることができた。

これにアップルとグーグルというＩＴの超世界企業が開発した、Ａｐｐｌｅ Ｐａｙ（アップルペイ）とＧｏｏｇｌｅ Ｐａｙ（グーグルペイ）というスマホ決済サービスが加わった。これによってiＰｈｏｎｅならＳｕｉｃａやiＤ、クイックペイといった電子マネーが使えるほかに、クレジットカードを登録しての決済もできる。アンドロイド系のスマホなら楽天Ｅｄｙ、ｎａｎａｃｏ、ＷＡＯＮ、Ｓｕｉｃａの電子マネーを使っての決済が可能になった。

これらはいずれも前述の非接触型ＩＣ技術フェリカを使った電子決済サービスという点で共通している。

ちなみに、インターネットを通じて商品を購入するＥＣ（Ｅコマースのうちの物販・ネットショッピングなど）の市場規模（２０１６年）は8兆43億円。このうちスマートフォン経由が31・９％を占めている（経済産業省調べ）。前年に比べて５６００億円以上増えており、スマホを使った決済が徐々に主流になっていく可能性がある。

いま注目はＱＲコードによるスマホ決済

スマホ決済サービスでにわかに注目されているのが、先に少し触れたアリペイやウィーチャットペイ、それからＬＩＮＥペイだ。アリペイは中国のネット通販最大手のアリババ（アリババグループのアント・フィナンシャル・サービスグループ）、ウィーチャットペイは中国のメッセージアプリ最大手のテンセント、ＬＩＮＥペイは日本のメッセージアプリ最大手のＬＩＮＥがそれぞれ運営している。

これらは、アップルペイやグーグルペイなどとあわせてモバイル決済サービスとして一括りにすることもできる。しかし、大きな違いもある。アリペイ、ウィーチャットペイ、ＬＩＮＥペイは、いずれもＱＲコードを読み取ることで決済ができ、銀行口座があれば決済が可能。つまり、アップルペイやグーグルペイがクレジットカード決済（後払い）なのに対して、銀行口座に入金したお金を引き落とすなどして使う即時決済なのだ。この２つ

（写真1）カードを読み込め、登録できるApple Pay

の違いは大きい。ＱＲコード決済は、より簡単に使えて、店舗側にとっても負担が少なくてすむからだ。

決済だけではなく送金もできるし、〝割り勘〟機能がついていて、友だち同士で食事に行ったりしたときに、簡単に割り勘で支払いができるのもクレジットカードなどにはなかった機能だ。

アリペイがサービスを開始したのは２００４年と早い。ウィーチャットペイのサービス開始は２０１１年、そのあとを追いかけるように２０１４年末、ＬＩＮＥペイがサービスを開始している。

日中のネット通販、ＳＮＳ大手がそろってスマホ決済サービスに乗り出したのは偶然ではない。３社ともＥコマースやＳＮＳを核にしたプラットフォームビジネスを展開している。その中の肝心な決済部分を、クレジットカード会社など外部に託すのはもったいない。膨大な利用者を決済サービスに取り込むのは、いわば時間の問題だった。金融と相性のいいＩＴ企業が宝の山を前にして、ただ手をこまねいているわけがなかった。

(図表2)スマホ決済 2つの方式

a. 非接触IC決済方式

・Apple Pay　・Google Pay　・おサイフケータイなど

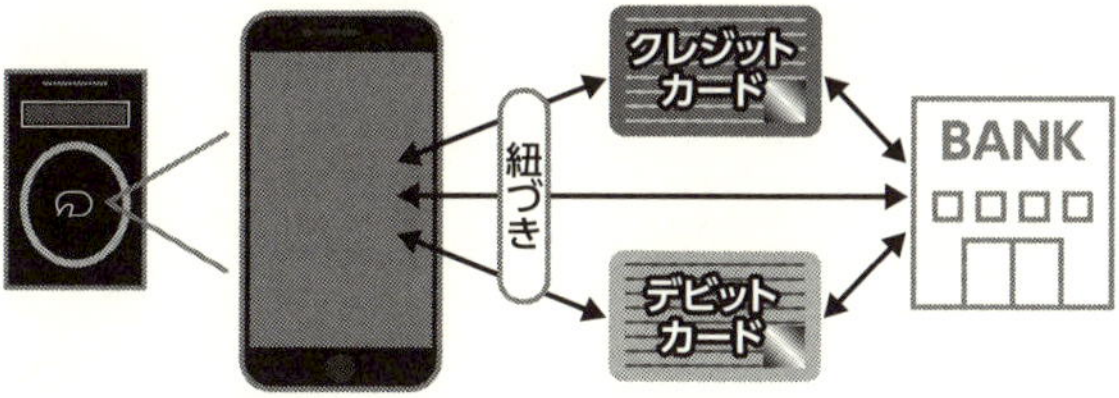

※クレジットカード、デビットカード…の代わりにスマホを持ち歩くイメージ。
※お店側は初期投資に5～10万円、加盟店手数料に約3%かかる。
※セキュリティは比較的高い。

b. QRコード決済方式

・d払い　・楽天ペイ　・LINE Pay　・Origami Payなど

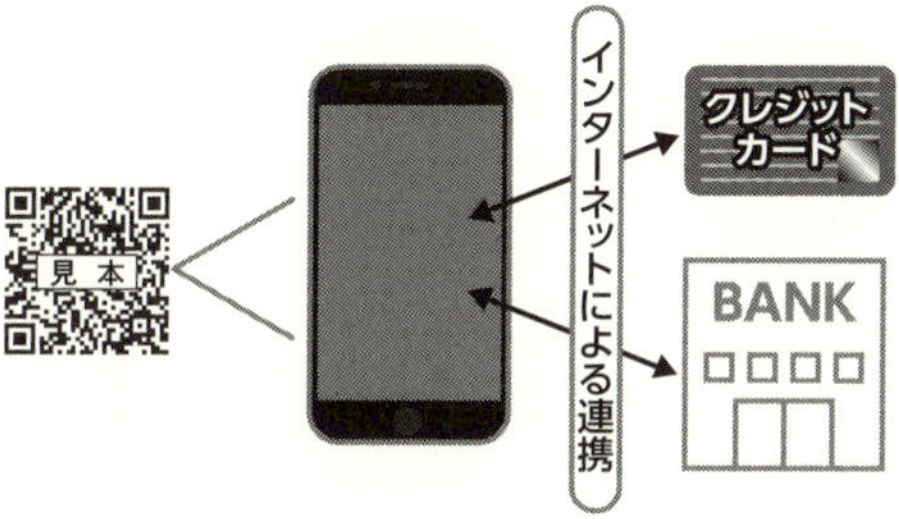

※IDを持ち歩くイメージ。
※お店側は初期投資がほとんどかからず、加盟店手数料も安くなる。
※セキュリティはaほど強固ではない。

日本企業もＱＲコードを使ったスマホ決済に続々参入

ＱＲコード決済では、店舗での支払い時、スマホにＱＲコードを表示して店舗に読み取ってもらうか、もしくは店舗にあるＱＲコードをユーザーのスマホで読み取ることによって、決済を行う方式だ。

また、ＱＲコード決済は、ｉＰｈｏｎｅやアンドロイドに限定することなく、アプリをダウンロードさえできれば大半の機種で利用できる。

そんな手軽さもあって、ＬＩＮＥのほかにも日本企業によるＱＲコードを使ったスマホ決済サービスへの参入が相次いでいる。創業間もないベンチャーＩＴ企業のＯｒｉｇａｍｉ（オリガミ）が２０１６年5月に「Ｏｒｉｇａｍｉ Ｐａｙ（オリガミペイ）」のサービスを開始。同年10月からは楽天ペイがスタートしている。

そして２０１８年4月から、ドコモの「ｄ払い（ディーばらい）」が始まった。店頭でＱＲコード（あるいはバーコード）を読み取って決済するのはほかと同じだが、ドコモユーザーなら毎月の電話料金と合算払いができるのが大きな違いだ。つまり、クレジットカードを利用しないで代金の支払いが可能になる。

実はあまり知られていないのだが、このスマホ決済サービスで欠かせないＱＲコードを開発したのは日本の企業なのだ。

自動車部品の大手メーカー、デンソーが１９９４年に発表したもので、バーコードに比べて載せられる情報量が格段に多く、漢字や仮名にも対応する。情報量はバーコードが数字で13桁までなのに対してＱＲコードは７０８９桁まで取り込めるというのだから、まさに桁違いの情報を入れることができる。

２００１年に中国や台湾、韓国語対応のバージョンアップしたＱＲコードを開発したことから、アジアの国々で注目を集めるようになった。とくに中国ではスマホ決済が爆発的に普及する原動力になった。もっといえば、ＱＲコードがなければ、中国の現在のようなキャッシュレス・シーンは見られなかった。

２０１７年にはアップルの最新ＯＳ「ｉＯＳ11」を搭載したｉＰｈｏｎｅやアップルウォッチで、標準カメラアプリを使ってＱＲコードの読み取りができるようになった。このことも、ＱＲコードを使ったスマホ決済を加速させそうだ。

このように、いまキャッシュレス化の最前線に、スマホ決済サービスが躍り出ているといっていい。

第2章

キャッシュレス後進国・日本にも大きな変化が

日本政府が推し進める〝2020年のキャッシュレス革命〟

前章で見たように、いま、さまざまな決済手段が次々に現れて、百花繚乱の様相を呈している。しかし、日本全体として見るとキャッシュレス決済比率は海外に比べてかなり低い。

それにはいくつかの理由がある。そのことについて述べる前に、キャッシュレス化を強力に推進している日本政府の動きについて見てみよう。

日本政府はアベノミクスを実行に移すために策定した2014年の「日本再興戦略」の中で、「2020年東京オリンピック・パラリンピックの開催等を踏まえ、キャッシュレス決済の普及による決済の利便性・効率性向上を図る」方針を打ち出した。

「日本再興戦略」は毎年更新され、2年後の2016年版では、観光立国を実現し「キャッシュレス環境の飛躍的改善」を図るため、「2020年までに、外国人が訪れる主要な商業施設、宿泊施設及び観光スポットにおいて100％のクレジットカード決済対応及び100％の決済端末のＩＣ対応を実現するため、クレジットカード決済・ＩＣ対応端末の普及を促進する」と外国人観光客への対応を強く促している。

(図表3) 国を挙げてキャッシュレス化を推進

目指すべき社会像

利用者の安全·安心が確保される中で、ブロックチェーンなどの先進技術を活用する FinTech 企業や金融機関等が、オープン API（システムを公開して共有すること）等を通じて連携・協働しつつ、利用者のために次々と競争的にサービスを提供。キャッシュレス決済が広く浸透。

<変革後の生活·現場のワンシーン>

·（サービス利用者（個人））アプリを使って毎月の家計簿は自動作成。友人への送金もスマートフォンでできた。サービス申込み時の本人確認もオンライン。アメリカ留学中の息子への仕送りはブロックチェーンにより大幅に安価に。買い物で現金は使わない。

キャッシュレス化の推進

（残された課題）

· 海外諸国と比較して、キャッシュレス化が十分に進展していない。キャッシュレス決済の安全性・利便性の向上、事務手続の効率化、ビッグデータ活用による販売機会の拡大等を図ることが課題である。
今後3年以内（2020年6月まで）に、80行程度以上の銀行におけるオープン API の導入を目指す。
今後10年間（2027年6月まで）に、キャッシュレス決済比率を倍増し、4割程度とすることを目指す。
· 割賦販売法の一部を改正する法律において措置したクレジットカード利用時の加盟店における書面交付義務の緩和について、電子メール等の電磁的方法も可能とすることで、FinTech の活用によるカード決済のコスト削減や消費者にとっての利便性の向上を図り、キャッシュレス化を後押しする。

「未来投資戦略 2017」首相官邸ホームページなどより抜粋

2017年に日本再興戦略は「未来投資戦略」に移行するが、ここでも引き続き「キャッシュレス化の推進、消費データの共有・利活用等」がうたわれている。「未来社会」のあるべき姿と、そのための指標と具体策が示される。

これらのキャッシュレス化の推進策はいずれも政府の閣議決定だ。つまり、政府にとってそれほど重要な政策課題なのだ。

ところが現状はといえば、諸外国に比べてずいぶん遅れている。なんとかしなければならない。そこで具体的な目標を示して、あらためてフィンテック活用によってクレジットカードが利用しやすくなるように、加盟店のすそ野を広げるための規制緩和策まで提言されている（以上、前ページ図表3）。

こうしてまさに官民一体となったキャッシュレス化が推進されている。クレジットカードの取扱高や決済比率、電子マネーの決済金額、件数が増えるのは当然である。

真の狙いは現金のハンドリングコストの削減？

政府は、キャッシュレス化が国民生活の利便性向上や外国人観光客を増やすために必要であり、来るべき新社会に不可欠なものとして位置づけている。

とくに、2020年の訪日外国人観光客4000万人（2017年は2869万人）を目標に掲げる政府にとって、キャッシュレス化と外国人観光客、つまりインバウンド消費を増やすことがセットになっている。

政府の狙いは、3つある。

1. インバウンド消費拡大による経済活発化
2. 現金ハンドリングコスト減
3. お金の流れの捕捉《ほそく》

第一はもちろん、インバウンド消費拡大による経済活発化だ。東京オリンピックにはキャッシュレスが当たり前になった外国人観光客が大挙押し寄せてくる。彼らはキャッシュレスの達人たちであるから、おもてなしとして、店舗のインフラ整備は急務である。

第二は、現金のハンドリングコストの削減だ。紙幣にしても硬貨にしても、貨幣をつくって保管し流通させるには膨大なコストがかかる。国だけではなく企業にとってもそのためのコストはバカにならない。

日本の貨幣（銀行券）の1年あたりの製造コストは日銀によると約517億円だという。われわれ国民は、稼いだお金をほとんど銀行のATMから引き出して使っている。その銀行のATMは、信用金庫やセブン銀行、イオン銀行などを含めると全国で約20万台ある。ボストン・コンサルティング・グループの推計によると、このATMの維持管理費に現金の運搬にかかる人件費などを加えると、年間2兆円にものぼるといわれる。

キャッシュレス化によって、この官民にかかる負担を軽減したいというわけだ。

第三は、お金の流れをきちんと捕捉して、徴税を徹底したいということ。いい方は悪いが、できるだけ税の取りっぱぐれがないようにしたいと考えるのは、国、お役所の立場からすれば当然のことではある。

現金は匿名性が高い。つまり誰が持ち主かわかりにくい。動きを把握することも難しい。そのため、脱税を許したり、麻薬や違法賭博の取引に使われたりすることにつながる。それに対して電子マネーや電子決済は記録が残るので管理しやすい。その結果、脱税やマネーロンダリング（資金洗浄）などの犯罪を防ぐことができる。

政府にとってキャッシュレス化は、この3つの大きなメリットがある。

世界で高額紙幣が次々と廃止になっている背景

２０１７年の日本の名目ＧＤＰは約５４６兆５０００億円だった。このＧＤＰ比で現金がどれだけ流通しているかを調べたデータがある。それによると、日本は20・５％であるのに対して中国は９・７％、アメリカは８・３％、スウェーデンにいたっては１・３％でしかない（東短リサーチ調べ）。

ということは、日本では、ＧＤＰ比で見ると外国に比べて一桁多い約１１２兆円の現金が流通していることになる。ところが、銀行の預金金利が雀の涙ほどもないこともあってか、タンス預金として死蔵されているお金が43兆円にもなるという調査結果もある（２０１７年2月末時点、第一生命経済研究所調べ）。

このお金が前述した脱税や違法行為にどれだけ使われているのかはわからないが、お金が民間消費を中心とした正しい経済活動に使われなければ景気は悪くなる。

しかも日本では、１万円札が流通している紙幣総額の９割近くを占めており、このことが国際社会で問題視されるようになっている。

１万円札などのような高額紙幣が、脱税や麻薬、武器の密売、贈収賄、売春などのいわゆる地下経済を支えるダークマネーになっているためだ。とくに欧米では、テロ組織への資金提供やマネーロンダリングに高額紙幣が使われていることを重視している。つまり、テロ対策の一環として高額紙幣の廃止が浮上しているのだ。

すでに2000年にはカナダが1000カナダ・ドル（約8万円）紙幣の発行を停止し、2013年にはスウェーデンが10000クローナ（約1万2000円）を廃止し、イギリスが500ユーロ（約6万5000円）の取り扱いを禁止した。500ユーロについてはEUが2018年末までに発行停止を決定している。

アジアでも2014年にシンガポールが1万シンガポール・ドルの発行を停止した。2016年11月にはインド政府が1000ルピーと500ルピー紙幣を廃止して話題になった。

こうして高額紙幣が次々と姿を消していき、残るのは香港の1000香港ドル、アメリカの100ドル、EUの200ユーロ紙幣くらいとなり、1万円札の廃止説まで出ている。いまのところあくまで噂にすぎないが、高額紙幣、ひいては現金に対する風当たりが強くなっているのは間違いない。

(図表4) キャッシュレス決済額と民間消費支出に占める比率

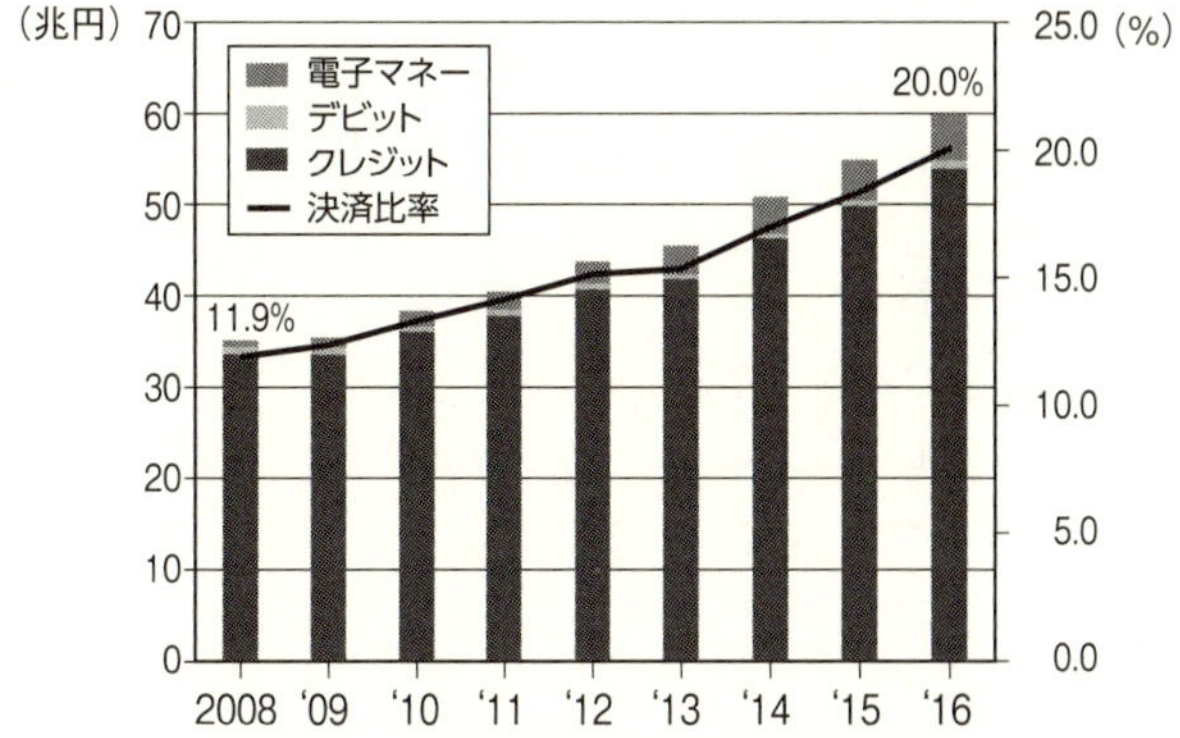

(出典)・内閣府「2015年度国民経済計算年報」民間最終消費支出：名目
・(一社) 日本クレジット協会調査 (注) 2012 年までは加盟クレジット会社へのアンケート調査結果を基にした推計値、平成25年以降は指定信用情報機関に登録されている実数値を使用。
・デビット：日本デビットカード推進協議会 (J-debit のみ)
・電子マネー：日本銀行「電子マネー計数」
「キャッシュレスの現状と推進」平成29年8月　経済産業省

(図表5) 各国キャッシュレス決済比率の状況 (2015年)

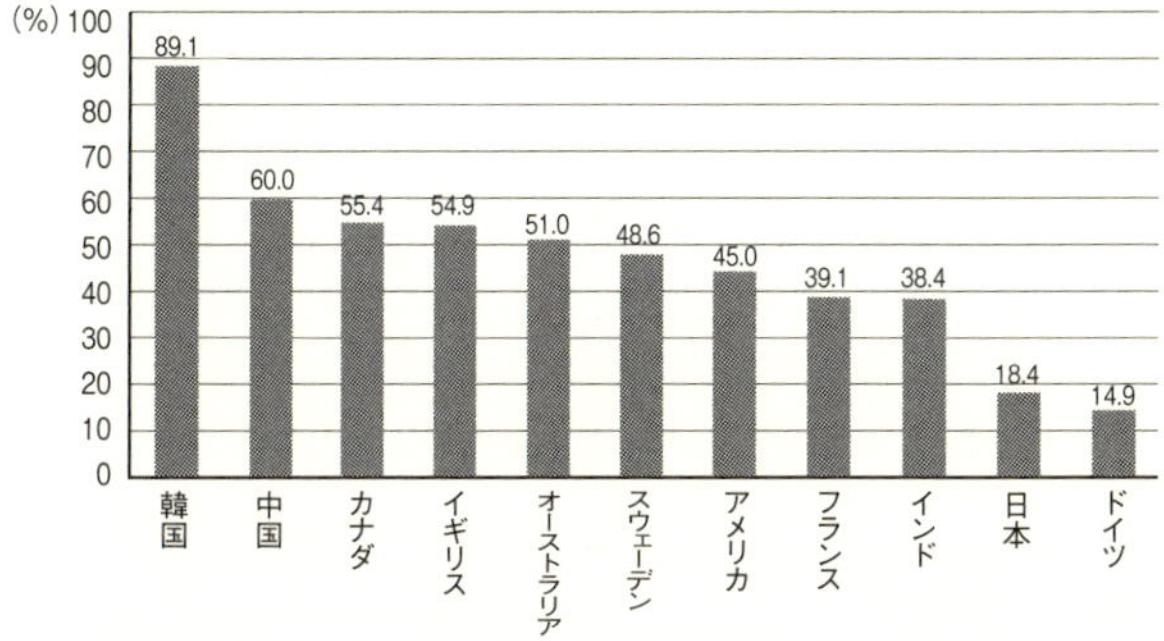

(出典) 世界銀行「Household final consumption expenditure (2015年)」及び BIS「Redbook Statistics (2015年)」の非現金手段による年間決済金額から算出
※中国に関しては Better Than Cash Alliance のレポートより参考値として記載
「キャッシュレス・ビジョン」平成30年4月　経済産業省

キャッシュレス化で世界に後れを取る日本

日本のキャッシュレス化はいったいどこまで進んでいるのだろうか。前述の未来投資戦略に、「今後の10年間でキャッシュレス決済比率を倍増し、4割程度とする」という記載があったのを思い起こしていただきたい。このことからもわかるように、現在のキャッシュレス決済比率は20％、金額にして60兆円程度である（2016年、図表4）。

キャッシュレス決済比率、金額ともに年々増えてはいるが、キャッシュレス決済比率はほかの国に比べるとまだまだ低いことがわかる。お隣の韓国は89・1％、中国は60％、アメリカは45％だから、日本（2015年は18・4％）とは非常に大きな開きがある（図表5）。

なぜ、日本はキャッシュレス決済比率が低いのだろうか。

そもそも消費者にとってキャッシュレスにするメリットは何だろう。

・レジで小銭を数える必要がなくなる。
・お金を落とす心配をしなくてすむ。
・財布がいらなくなる。
・お金の使い道がよくわかる。

・ポイントが貯まる。

逆に、デメリットは何だろうか。

・カードを紛失したり盗まれたりする。
・クレジットカードのスキミング被害にあう。
・冠婚葬祭に使えなくなる。
・買い物などでお金を使いすぎてしまう。
・地方ではクレジットカードや電子マネーが使える店が少ない。
・資産やお金の使い方が企業や国に筒抜けになる。

これらは個人によって受け止め方が異なる。便利さと予想されるリスクの双方を勘案してどちらをより重視するかによって、キャッシュレス派になる人もいれば、現金派になる人もいる。

「借金」を嫌う国民性

私は30年にわたってクレジットカード業界の研究を続けてきた。その当初から、日本人の現金信仰は根強いものがあると感じてきた。

小切手が広く使われていたアメリカなどとは違って、キャッシュ（現金）大国の日本にクレジットカードをそのまま導入しても、誰も使わない。そこで利子をつけずに1回払いにした。「非常にお得ですよ」と信販売会社は宣伝した。それでも顧客はなかなか増えない。なぜか。「借金になるから」というのがその理由だ。

クレジットカードを利用してから実際に引き落とされるまで、一括払いの場合は最長で約60日弱ある。これをユーザンス、あるいはグレースピリオドという。本来はあなたが自由にできる優雅な期間、返済の猶予期間といった意味だ。

消費生活センターの依頼で行った講演会で、このユーザンスの話をしたことがある。「こんなに長い間、支払いを猶予してもらえるんですよ」と一生懸命に話しても会場は一向に盛り上がらない。話し終えたあとに参加者に聞いてみると、「そんなに長い間借金をしていたら、返せるものも返せなくなるからいやだよ」というので、思わず苦笑いしてしまった。

中高年の方が対象の講演会ということもあるが、このエピソードによく表れているように、日本人のキャッシュ信仰は根強い。それ以来、私は講演でこの話はしなくなった。

クレジットカードを持ちたがらなかった本当の理由

こうした日本人の国民性もあって、クレジットカードの市場はなかなか大きくならず、カード会社同士の競争が激しくなる一方だった。そこで、カード会社同士が争っているだけでは業界は成長しない。「敵は本能寺にあり」ではないが、われわれにとって共通の敵は「現金」ではないか、という共通認識がクレジットカード業界の中に生まれた。そして、いつのころからか、「敵は現金だ」と盛んにいわれるようになったのである。

江戸っ子気質《かたぎ》を示す言葉に「宵越しの金は持たない」がある。カッコつけであり、理想なのだが、江戸の町人の中には大工や職人が多く、いまでいう給料は日払いなので、稼いだ金をその日のうちに飲み代や博打に使ってしまうことが多く、計画的にお金を使う習慣がなかったのだろう。

クレジットカードを持つと気が大きくなって使いすぎる。歯止めが利かなくなり、最後はカード破産に至る。あるいはカードを盗まれて悪用される。そんなことが、クレジットカードの問題点として指摘されることがある。こうしたクレジットカードの負の部分が、普及を阻んでいたということもあるだろう。

日本ではお金を汚いもの、不浄なものと考える人も多い。そして、クレジットカード会社＝金貸しというイメージがいまだにある。この2つが組み合わさって、信販会社といっても所詮は金貸し、そこから借金をするなんてとんでもないことだという考えを持っている人がいまでも多い。ことに高齢者はそうだ。

日米欧の金融資産構成比較に見る、日本人の現金志向

クレジットカード社会のアメリカはまさに〝先楽後憂〟だ。たとえば引っ越しとなると、後先考えずにクレジットカードで新しい家具や家電製品を欲しいだけ買いそろえる。リボルビング払い（毎月一定額を支払う返済方式）なので全部でいくらになるかなどはあまり気にしない。日本人は手元にあるお金や貯金、ボーナスがいくらかを考えた上で最小限必要なものだけを買う。

もちろん、アメリカ人と日本人のすべてがこうだとはいえないが、両国民のお金の考え方には大きな違いがある。日本人は現金がなければ安心できない。よくいえば堅実なのだ。

日本人とアメリカ人のお金に対する考え方の違いは、日銀の統計にもはっきりと表れて

（図表6）日米欧の金融資産構成（2017年）

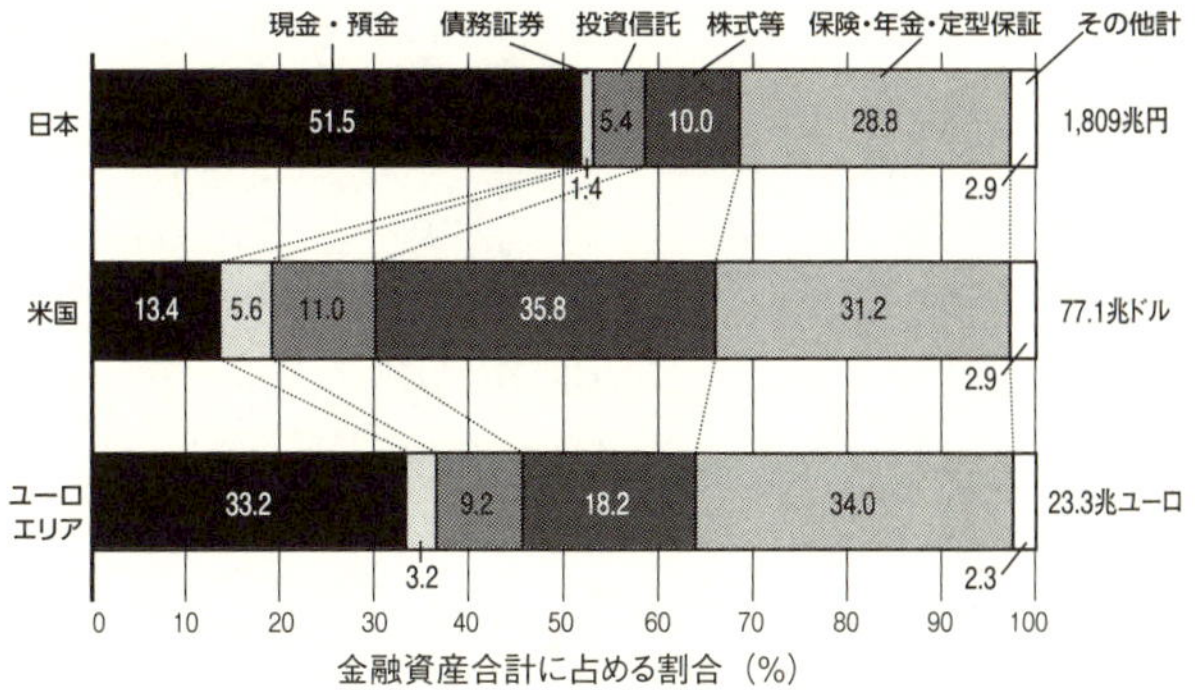

*「その他計」は、金融資産合計から、「現金・預金」、「債務証券」、「投資信託」、「株式等」、「保険・年金・定型保証」を控除した残差。

「資金循環の日米欧比較」2017年8月18日　日本銀行調査統計局

いる。図表6は日米欧（ユーロ圏）の金融資産の構成比を示したものだが、日本は金融資産の半分以上（51・5％）が現金・預金なのに対して、アメリカの現金・預金は13・4％でしかない。ユーロ圏の国でも現金・預金の割合は日本に比べるとかなり少ない。

アメリカは資産の半分近くを株式や投資信託による投資に振り向けているが、日本は15％そこそこで、欧米に比べて〝現金志向〟が際立っている。

こうした国民性も、キャッシュレス化が進まない要因のひとつであることは間違いない。

現金信仰が強かった大阪にも変化が

もちろんひと口に国民性といっても地域によって異なり、決して一様ではない。新聞やテレビなどのマスコミが報道するキャッシュレス決済の最新ニュースを見ているだけでは、キャッシュレス化がどれくらい日本で浸透しているのかはわからない。人々の意識の変化はとらえようがない。

私は20年くらい前から、全国の消費生活センターや商工会議所の依頼を受けて、クレジットカードや電子マネー、デビットカードについて講演してきた。テレビやラジオに出演してカードの仕組みや使い方の話をすることもあった。

場数を踏むにつれて、各地域のキャッシュレスの進捗《しんちょく》状況や地域の人々の関心の高さがだいたいわかるようになってきた。

そこで以下では、私の体験を簡単にお話ししてみたい。

いまから20年ほど前の1990年代、私は大阪の毎日放送というテレビ局に呼ばれて初めてテレビに出た。タレントの板東英二が司会役のバラエティー番組で、台本には決まったセリフがほとんど書かれていなくて、アドリブでどうぞ、という大ざっぱな番組だった。

関西ではすでに当たり前だったが、お笑いタレントがたくさん出ていて楽しかったことを覚えている。

当時は青木雄二の漫画『ナニワ金融道』が大ブームで、クレジットカードの使いすぎが怖いとか、借金になるから嫌だといったマイナスイメージが強く、現金のほうが信用できるという人が多く、大阪人はとくにそういう傾向が強かったように思う。

番組で、私がクレジットカードについていろいろ説明しても、「そりゃ便利やな」とはいうものの、あまり身を入れて視聴者に話してくれはしなかった。最後は板東さんが長財布を取り出して、「やっぱりこれが一番やな」と現金を持ち上げるようにして終わった。

クレジットカードの話をしていたのに、いつの間にか現金払いが一番だというオチがついたのだが、カードは流行の一品《ひとしな》くらいにしか思われていなかった。

それから20年ほど経って、大阪のほかの局に呼ばれて、難波《なんば》のアイドルグループ、NMB48にクレジットカードのレッスンをするという機会を得た。20年前と違って、メンバーの一人が母親のタカシマヤカード（家族カード）を渡されて買い物しまくっているというので、ポイント談義で盛り上がった。

大阪も少しずつ変わり始めていると思った。

地域で変わるキャッシュレスの浸透度

西と東、都会と地方ではクレジットカードや電子マネーに対する考え方にかなり違いがある。東京、千葉、神奈川、埼玉の首都圏はキャッシュレスが最も進んだ先進地域だ。

私は講演の最初に、会場に来ている方に「どんなカードをお持ちですか」と必ず聞くことにしている。大阪ではあまり手を挙げる人はいないが、東京や埼玉のときはたくさんの人たちが競って手を挙げる。

とくに電子マネーに対する反応が強い。なかでもＳｕｉｃａやＰＡＳＭＯといった交通系電子マネーの名前はよく挙がる。定期や切符の代わりに毎日使っているので身近だからよく知っている。それでみながしゃべりたくなるようだ。

主婦はｎａｎａｃｏかＷＡＯＮを持っていることが多い。近くにイトーヨーカドーがあればたいていｎａｎａｃｏを持っているし、イオンの店があればＷＡＯＮを持っている。そのため事前にその地域にどんなスーパーがあるのかをリサーチしておくようにしている。そうしないとイトーヨーカドーもイオンもないのにｎａｎａｃｏとＷＡＯＮの話ばかりしていたら怒られてしまう。

こういう状況なので、首都圏ではキャッシュレスといえばすぐにピンとくる。Ｓｕｉｃ

aやPASMOの普及のおかげだ。とくにSuicaの影響は大きい。

地方の人はSuicaのような圧倒的な強さを持った電子マネーがなく、まだあまり身近に感じていない。だから、キャッシュレスといわれても地方では半信半疑のところがある。

北陸新幹線開通で意識が変わった金沢

私が講演会に呼ばれるのは地域に新しいカードが入ってきたときが多い。2017年、金沢に呼ばれたときもそうだった。金沢は北陸新幹線が開通して、それまで主力だった京阪神の観光客に加えて、首都圏からの観光客が増えた。

金沢は鉄道エリアとしてはJR西日本の管轄であって、交通系電子マネーでいうとICOCAの守備範囲。でもICOCAはあまり普及していないので、京阪神の人が観光に来てもそれほど多くは使われなかった。そのため金沢市民はどちらかというと電子マネーに疎《うと》くて無頓着だった。

ところが東京方面からやってくる観光客はたいていSuicaやPASMOを持っていて、いろいろな店で必ず「これで支払いができるか」と聞いてくる。

金沢の人はＳｕｉｃａがそこまで普及しているとは知らなかったので驚いた。とにかく店も対応をしないといけないし、住民もＳｕｉｃａのことをよく知らなければならないということで、私が講演会に招かれた。

Ｓｕｉｃａが使えるか使えないかで売り上げも大きく変わる、まさに死活問題とあって、私の話にみなさんが一生懸命メモを取りながら聞き入ってくれた。その姿を見て、これからがキャッシュレス時代の本番だと思った。

地方にも根づきはじめたキャッシュレス生活

振り返ってみると、講演を始めた最初のころはクレジットカードだけだったので、利用の注意点、自己破産、不正利用などマイナス面をテーマにすることが多かった。しかし、２０１０年くらいから電子マネーのメリットやキャッシュレス化について話す時間が増えた。

ちょうどそのころ、静岡県富士市で地域のみなさんに話す機会があった。会場に来てくださった女性がとても元気に見える。なぜだろうと思って話を聞いてみると、郊外にイオンのショッピングモールができてＷＡＯＮが使えるようになって便利になった、それがうれしいのだという。

それから、家計の節約にもなるという。給料日に次の月に使うお金をＷＡＯＮに移しておく。いわゆる袋分けのやり方で、必要なお金を別の財布に分けておくと、家計を上手にやりくりできて赤字になることもない。とても助かっているという。

これを聞いて私も驚いた。クレジットカードはちょっと大きな買い物に使うので、日常生活からは少し遠い感覚があるツール。電子マネーは毎日の買い物や通勤にこまめに使うので身近な感じがする。それで一生懸命に自分で使い方を考える。電子マネーが地域の人々の生活の中にしっかり根づいているのだ。

これから日本のキャッシュレス化がどのように進んでいくかは、こうした日本各地で暮らす人々が自分の暮らしにどれだけキャッシュレスの決済手段を取り入れていくかによって大きく変わってくるだろう。

第3章

ここまで進んでいる！世界のキャッシュレス最前線

中国の消費生活を変えた銀聯カード

すべての権力が共産党政府に集中する共産主義国家の中国が、経済改革を行って市場経済に移行したのは１９８０年代の初め。国民の経済活動、消費が活発になるのもこのころからで、２０００年代に入ると急激な経済成長を遂げる。

中国初のクレジットカード、銀聯カードが誕生するのが２００２年。とはいっても本質は銀行口座と結びついたキャッシュカードだった。そのキャッシュカードに銀聯ブランドがついてデビットカードとして買い物ができるというものだった。

銀聯とは中国銀聯のことで、中国政府の主導で中央銀行である中国人民銀行が中心となって設立された銀行間決済ネットワーク。このネットワークに参加した中国や香港、マカオの金融機関が銀聯カードを支えた。

クレジットカードとキャッシュカードの違いは何かというと信用力を測れるかどうかで、当時中国にはまだ国民の信用力を測れるものさしがまったくなかったため、キャッシュカード（デビットカード）からのスタートになった。

スマホ決済によって一躍キャッシュレス社会に

ところがスマートフォンが登場したことによって事態は一変する。中国では顔写真つきの身分証がなければスマホを買うことはできないので、スマホがＩＤの役割を果たしだした。その結果、クレジットカードに必要な信用情報がスマホの電子決済サービスではいらなくなったといわれる。

現在、中国の人口は約14億人。都市部では誰もがスマホ決済で買い物をする。老人と子ども以外はスマホ決済が浸透している。街の店先には大きなＱＲコードがついたボードのようなものが置かれていて、スマホでそれを写し取り、金額を入力すれば支払いは完了だ。銀行口座からすぐさまお金が引き落とされる。

ネット通販大手アリババ（のグループ企業のアント・フィナンシャル・サービスグループ）が提供するスマホ決済サービスのアリペイと、ソーシャルメディア最大手のテンセントのウィーチャットペイの利用者を合計すると13億人（延べ人数）を超え、中国のスマホ決済総額は日本のＧＤＰ５４６兆円をはるかに上回る６６０兆円に達する。

何しろウィーチャットペイの利用者は8億人を超えるともいわれ、利用できる店舗は１００万店を数える。ＬＩＮＥペイも利用者は日本や韓国を中心に４０００万人にのぼるが桁が違う。

アリペイも負けてはいない。アクティブユーザー数は5・2億人を超えるといわれ、日本を含めた世界の20カ国以上でサービスが利用できる。

ちなみに、中国では顔認証技術が実用化され、実際の市民生活で使われている。たとえばIDカードなしでオフィスに入ったり飛行機に搭乗したりできる。

店内の顔認証の端末に自分の顔を読み取らせ、商品を選んだらスマホで決済するだけという小売店舗もある。いずれはスマホでの決済も必要なくなるといわれている。そうなれば、まさに究極のキャッシュレス決済となる。

アメリカに渡った若い起業家たちが最新のテクノロジーとシステムを学んで中国に持ち帰ったことが、現在のスマホ社会、キャッシュレス社会を生み出している。

利用履歴で信用度をはかるクレジットスコア

アメリカはクレジットカード社会で、利用履歴を集めてそれに点数をつけている。これをクレジットスコアという。

アメリカにはいくつかの信用情報機関があって、そこにクレジットカードを利用して支払った家賃や電気料金などの決済履歴をはじめさまざまな個人情報が集まるようになっている。信用情報機関は、返済遅延の有無、クレジットカードの利用回数や金額、職歴などの集めた情報を総合的に判断して、返済能力の点数づけを行う。これが個人の信用度を測るものさし、すなわちクレジットスコアになる。

金融機関はクレジットスコアの点数を見て、点数の低い人にはローン金利を高くし、点数の高い人に対しては逆に金利を低くするといったサービスを行う。こういった信用度の低い人々に提供した住宅ローンが、あのサブプライムローンだった。

２００８年に世界経済を襲ったリーマン・ショックの元凶ともいわれるものだが、これにアリババの経営トップが目をつけ、多少アレンジしてアリペイに取り入れている。２０１５年から始めた「芝麻《ジーマ》（ゴマ）信用」がそれだ。

アリペイに蓄積された利用履歴をもとに点数がつけられ、利用者は①劣る（３５０～５４９）②普通（５５０～５９９）③良好（６００～６４９）④優秀（６５０～６９９）⑤極めて優秀（７００～９５０）の５段階にランクづけされる。

点数は、アリペイの支払い履歴で集まる信用情報や政府が提供するデータ、それに基本的な情報である学歴、職歴、資産、人脈、行動などをもとに決められ、毎月発表される。

学歴が高く資産が多ければ当然点数は高くなるが、どんな人と付き合っているか、マナーを守っているかなども評価の対象になる。

アリペイのゴマ信用で中国人のお行儀がよくなる?

マナーの評価でいうと、たとえば中国はシェアリングエコノミーが盛んだが、レンタルで借りた自転車を時間内にきちんと返しているかどうかが点数に反映されるのだ。クレジットカードは主に経済力が審査の対象だったが、日常の生活態度や素行まで評価されるわけで、これによって中国人のお行儀も少しはよくなるだろうといわれているほどだ。

ゴマ信用の点数が高いと、家賃の割引やローン金利が優遇されるなどの特典もあるといわれる。ゴマ信用の点数の高さが社会的なステータスになっているともいわれ、点数アップに躍起になる人も現れた。

これこそ、キャッシュレス社会がもたらす大きな変化だ。

世界トップを走る韓国のキャッシュレス事情

お隣の韓国は、中国とは違って国がキャッシュレス化を強力に推し進めている。

韓国経済は1997年のアジア通貨危機で壊滅的な打撃を受け、IMF（国際通貨基金）による救済措置を受け入れた。その結果、抜本的な財政・金融改革を余儀なくされ、一時的に大規模な経済混乱を招いた。

その過程の中で、内需拡大や自営業者の脱税防止を目的にした、クレジットカードの利用促進が政府の重要政策のひとつとなり、これが現在の高いキャッシュレス決済比率をもたらしている。

韓国政府は、2000年からキャッシュレス化推進のために、国民の鼻先にニンジンをいくつもぶら下げた。

NTTデータ研究所によると、ひとつは所得税の控除だ。クレジットカードの利用明細を年末調整や確定申告の際に添付すると、年間利用額の20%が所得控除されるというもの（控除金額には30万円の上限が設けられている）。

もうひとつは、毎月のクレジットカード利用額が一定額（1000円以上）を超えると宝くじに当たる権利がもらえるというもの。

一方で、一定額の年間売り上げ（240万円以上）がある小売業者に対してクレジットカードの取り扱いを義務づけた。

２０１６年からは「コインレス化社会」の実現を図るため、買い物をした際にお釣りとして受け取る硬貨（コイン）をプリペイドカードにチャージするという政策を実行に移した。

このように韓国では国がまさにアメとムチを使ってキャッシュレス化に邁進《まいしん》している。

世界最先端の「電子国家」エストニア

韓国とは少し違ったかたちだが、やはり国の政策によってキャッシュレス化が進んでいるのがエストニア共和国だ。エストニアは１９９１年に旧ソ連から独立したバルト海沿岸の国で、面積約４万５０００平方メートル（北海道の約６割）、人口約１３２万人。無料電話のＳｋｙｐｅ（スカイプ）を生んだ国としてご存知の方がいるかもしれない。

この北欧の小さな国が「電子国家」として一躍日本で話題になった。

政府が発行するＩＤカード一枚あれば、スーパーで買い物をすることができるし、電車やバスに乗ることもできる。つまり、現金がいらないのだ。ＩＤカードが使えないところでは、クレジットカードよりもデビットカードがよく使われているという。

ＩＤカードは15歳以上のエストニア国民ならほぼ全員が持っていて、免許証や保険証の代わりにもなる。パソコンやスマホに入れて暗証番号を入力して政府のサイトにログインすれば、住所変更、納税などはもちろん、選挙の投票にいたるまでほとんどの行政サービスを受けることができる。確定申告でさえものの10分程度で終わるという。

役所に出向いて手続きしなければならないのは結婚届と離婚届、それに不動産取引の3つだけともいわれている。

これを可能にしているのが政府や行政機関、銀行、企業などにつくられたデータベースをインターネット上で一元管理する「Ｘ－Ｒｏａｄ」と呼ばれるシステムだ。このシステムに国民一人ひとりの個人情報がリンクして電子政府とキャッシュレス社会を実現している。

日本のマイナンバーカードを数百倍も機能アップさせたものがエストニアのＩＤカードといえそうだ。２０１８年1月に安倍首相がエストニアを訪問し、ＩＴやサイバーセキュリティ分野での連携強化を提案した。商社やＩＴ企業の幹部が同行しており、ＩＤカードやＸ－Ｒｏａｄシステムについてもいろいろ聞いたはずだ。

ちなみに、エストニアには「電子居住権」という制度がある。この権利がほしいと思えば、国籍を問わず世界中から誰でもネットで申請することができる。審査にパスして申請が受理されると、ネットでエストニアに会社を設立したり、銀行口座を開設することができる。

法定デジタル通貨発行に乗り出すスウェーデン

北欧ではエストニアだけではなく、キャッシュレス化が進んでいる国が多い。

その理由のひとつは、総じて人口が少ないことだ。エストニアにしても総人口が政令指定都市のさいたま市（約129万人）より少し多い程度だ。市長が大統領や首相のようなもので、日本よりも政治家がずっと身近な存在であるため、管理システムを受け入れやすいのではないか。あるいは福祉が充実している国が多く、国のシステムに信頼感があるのではないか、といった見方もある。

北欧の中では最も人口の多い（990万人）スウェーデンは、2018年末までには世界初の法定デジタル通貨「eクローナ」導入の判断をする。これが実現すると、現金の代わりに国が価値を保証するデジタル通貨でモノやサービスを売ったり買ったりすることができるようになる。

eクローナが最終的にどのようなものになるかはわからないが、スウェーデンの中央銀行にあたるリクスバンクにデジタル通貨の口座をつくり、小売店でスマホ決済すれば、リスクバンクの口座から引き落とされるというシステムが考えられている。つまり、銀行口座のない人でもキャッシュレス決済が可能になる。

エストニアでも同様にデジタル通貨を発行する計画があり、イギリスやカナダでも研究を始めているという。

スウェーデンの現金使用比率が急減した秘密

スウェーデンは、対GDP比で現金の流通量が世界でも突出して少ない国だ。2010年に約40%だった小売業の現金支払い比率は2016年には15%まで下がっている。

日本円にして何十円、何百円という少額の買い物でもクレジットカードかデビットカードですませる。「現金お断り」という店も少なくない。

これは、2011年にある企業がクレジットカードやデビットカードが使える決済端末を小売店に無料で配ったことがきっかけとなった。翌年の2012年には、6つの銀行が現金を取り扱うコストを削減するために共同で開発した「スウィッシュ」というスマホ決済サービスの提供を始めたことで、キャッシュレス化のスピードに拍車がかかる。

スウィッシュを利用するには専用のアプリをスマホにダウンロードし、ID番号を登録する。買い物をするときは店（支払先）の電話番号と金額を入力すれば、自分の銀行口座から即時決済される。

個人のお金のやりとりにも使える。たとえば友人に送金する場合は、同じように友人の携帯番号と金額などを入力してボタンを押すだけで、すぐに相手の銀行口座にお金が振り込まれる。

こうした現金をなくそうとするスウェーデン政府に対して、反対の声をあげる高齢者を中心とした人々がいるのも確かだ。しかし、キャッシュレス化の大きな波は、もう止めようがないところまで押し寄せている。

紙幣の発行をやめたデンマーク

北欧でキャッシュレス化が進んでいるもうひとつの国がデンマークだ。

デンマークでは「ダンコート」というデビットカードが広く普及していたが、2013年から「Mobile Pay（モバイルペイ）」というスマホによる決済サービスがスタートし、全人口（約570万人）の6割を超える国民に使われている。そのため現金の決済比率は20％程度まで減少している。

モバイルペイはデンマークの大手銀行ダンスケ銀行が開発した決済サービスで、クレジットカードに連動しており、銀行口座からの即時払いとなるスウェーデンのスウィッシュとは異なり、クレジットカードに紐づけられた日本のスマホ決済サービスに近い。

驚くのは、デンマークの中央銀行が２０１６年末に法定通貨の製造を中止したことだ（硬貨の製造はフィンランドに委託している）。

デンマークの小売店は法的に現金払いを拒否できないことになっていたが、２０１８年１月からは、夜10時から朝の６時までは現金での支払い（受け取り）を断れるように法改正された。

シンガポールのキャッシュレス状況

アジアの都市国家シンガポールの状況にも触れておこう。

シンガポールはデビットカードの利用が多いため、カード決済比率が50％を超えている。電車やバスなどの公共交通機関はＩＣカードが使えて現金いらずだった。最近はそれにスマホ決済が加わった。

シンガポール銀行協会の発表によると、国内の７つの銀行が提携して新しいスマホ決済サービス「ＰａｙＮｏｗ（ペイナウ）」を２０１７年７月から開始している。

ペイナウは携帯電話番号か国民登録番号、外国人登録番号だけで、24時間、年中無休で銀行間の送金ができるというもの。銀行の窓口が開いていなくても送金できるのがよい。

さらに中国のアリペイやウィーチャットペイに触発されて、ＱＲコードを読み取るタイプのスマホ決済サービスも登場している。スーパーや屋台などで利用できるもので、あらかじめ決済サービス運営会社のアプリをスマホにダウンロードしておき、店の端末から出力されたレシートのＱＲコードを読み取り、暗証番号を入力すれば支払いが完了する。

ここでも前述した日本発のＱＲコードが威力を発揮しているというわけだ。

買い物の究極のカタチ？「アマゾンGO」

最後にアメリカの例をひとつだけ紹介しておく。

アマゾンは２０１８年１月にアメリカ西海岸のシアトルでレジなしコンビニ「アマゾンＧＯ」をオープンしている。

このコンビニで買い物をしたいと思ったら、まずスマホに専用アプリを入れてＱＲコードを店の入り口の駅の改札のような読み取り機にかざす。店内に入って買いたいものを探

（写真2）キャッシュレスでレジもない「アマゾンGO」

Shutterstock.com

し出して持参のバッグに入れたらあとは出るだけ。購入した商品のＱＲコードやバーコードを読み取るとか、出口で再びスマホをかざすとか、商品を読み取り機で確認させるといったことは一切必要ない。代金は後日、クレジットカードを通して支払われる。

先に顔認証技術を使った中国の小売店舗があると書いた。その店は購入した商品をスマホで読み取るが、アマゾンＧＯの場合は、顧客が買うものとして選んだ商品が自動的に「バーチャルカート」に入って買い物データになるという点が大きく異なる。

これを可能にしているのが、店内の膨大な数のセンサーと監視カメラ、それにＡＩだ。センサーとカメラの性能が向上することで、読み取り精度が飛躍的に高まり、そこにＡＩが加わったことによって、誰が何を買ったかが正確にわかるようになった。

これによってレジに並んでお金を払うという買い物ストレスから解放されることはまちがいない。

このようにキャッシュレス化に限れば、世界は日本より一歩も二歩も先行しているといわざるを得ない。

第4章
キャッシュレスの先導役を果たしたクレジットカード

ネット通販の拡大で増えるクレジットカード払い

キャッシュレスと聞いて誰もが真っ先に思い浮かべるのがクレジットカードではないだろうか。財布の中にはクレジットカードが何枚か入っていて、デパートで買い物をしたりレストランで食事をしたりしたときに現金ではなく財布に入っているクレジットカードを取り出して支払いをすませる――現代では当たり前に見られる光景だ。

ＪＣＢの調査（「【クレジットカードに関する総合調査】２０１７年度 調査結果レポート」）によると、クレジットカードを何に使っているかというと、一番多いのはデパートでもなければレストランでもなく「ネット通販」で、二番目が「携帯電話料金」、三番目が「スーパーマーケット」となっている（図表７）。ちなみに、電子マネーは一番多いのが「鉄道・地下鉄・バス」で、以下、「コンビニエンスストア」「スーパーマーケット」の順になっている。

ネット通販（ＥＣ）の市場規模は15兆１３５８億円（２０１６年）で、２０１０年の約２倍に増えている（経済産業省調べ）。ネット通販での決済方法は何かを訊《たず》ねた総務省の２０１５年のアンケート調査によると、「クレジットカード払い」が７割近くに達してい

(図表7) クレジットカードを何に利用しているか

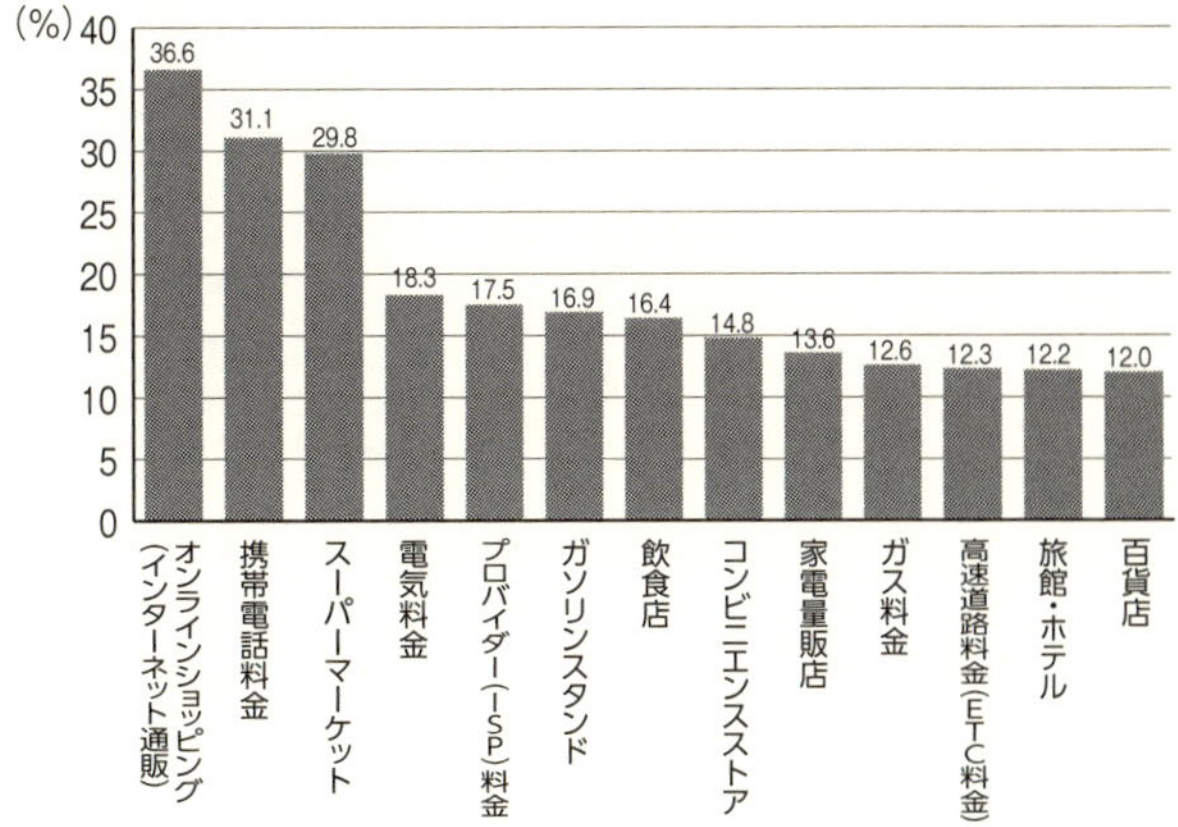

「【クレジットカードに関する総合調査】 2017年度 調査結果レポート」
株式会社ジェーシービー

(図表8) インターネットで購入・取引する場合の決済方法

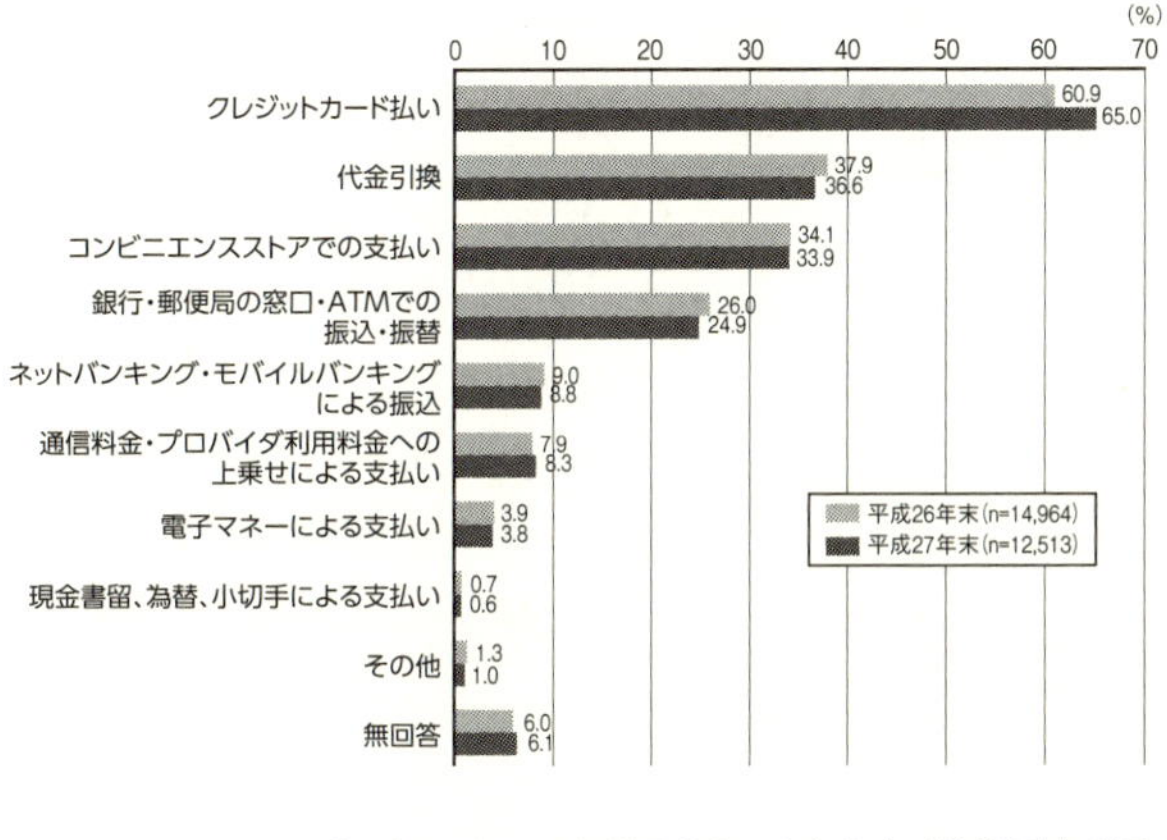

「平成 27 年　通信利用動向調査報告書（世帯編）」総務省

る（図表8）。

こうしたデータからも、クレジットカードはインターネット時代の必須決済アイテムとなっていることがわかる。

サービス競争が激化する日本ならではの事情

このように、クレジットカードはキャッシュレス化にとって欠かせない決済手段だ。そこで、この章ではクレジットカードとはいったいどんなものなのかを、歴史をたどりながら説明していきたい。クレジットカードはキャッシュレスの基本となるインフラをつくってきたからだ。

日本のクレジットカードの歴史は、ほかの国とは少し違った特徴がある。日本以外の国ではクレジットカードを発行するのはだいたい銀行だ。ところが、日本は消費者に対する金融業務が銀行に集中するのを恐れて、クレジットカード会社を別につくるように行政指導がなされた。

監督官庁である旧大蔵省と旧通産省の対立がそのまま行政に持ち込まれ、行政指導の内容を巡って、企業間、あるいは官民の関係がぎくしゃくすることもあったが、護送船団方式によるコントロールのもとでクレジットカード業界全体の保護・育成が行われたのは、ほかの業界と同じである。

日本のクレジットカードの特徴は、一括払いが９割以上と大半を占めていることで、リボルビング払いが中心のアメリカとは大きく異なる。そのため、アメリカの場合はリボルビングの利率がカード選びの基準になる。別の言い方をすれば、利率が唯一の比較材料なのだ。

アメリカの銀行にとってクレジットカードのリボルビングの収益は経営の安定化に欠かせない。日本でも金利が得られるリボルビング払いを拡大しようとクレジットカード会社はテレビＣＭをはじめさまざまなＰＲを行っているが、クレジットカードはあくまで金利がつかない１回払いと考える消費者が多く、リボルビング払いはあまり増えていない。

そのため日本では、ポイントやマイル（ＪＡＬとＡＮＡのマイレージポイント）の還元率の高さ、年会費無料、傷害保険、さらにはそのほかの付帯サービスでどれだけ〝お得〟を提供できるかの競争になっている。

知ってるようで知らないクレジットカードの仕組み

ここで、クジレットカードの仕組みを簡単に説明しよう。

クレジットは「信用」という意味で、クレジットカード会社がカード会員になったあなたを信用して、あなたが加盟店で購入した商品やサービスの代金を立て替え払いする。カード会社が立て替えた代金は、翌月とか翌々月に銀行口座から引き落とされる。

クレジットカードを利用した時点で、銀行口座にお金がなかったとしても問題はない。支払い日までに必要なお金を振り込んでおけばいい。つまり、支払いを先延ばしできるため、将来の収入を見越した買い物ができる。

もちろん、本来自分で払わなければならないお金を立て替えてもらったのだから、クレジットカードを利用した時点で、あなたはカード会社に借金をしたことになる。

借金である以上、当然返さなければならない。借金の返済方法には、①一括払い、②分割払い（installment credit）、③リボルビング払い（revolving credit）などがある。

①はマンスリークリアと呼ばれ、翌月か2カ月後に一括して支払う。②は2カ月以上かつ3回以上に回数を指定して分けて支払う。③は利用限度額を設けて、毎月一定額、あるいは毎月残高に対して一定割合の額を支払う。①なら金利がかからないが、②と③は金利

を払わなければならない。

借金とはいっても、一括払いなら金利がかからず、商品やサービスの料金だけを後払いすればいいことになる。

日本のクレジットカードに限っていえば、前述したように一括払いが圧倒的に多い。したがってクレジットカードを利用する際に借金をしているという自覚を持っている人は少ないだろう。支払いに必要な現金を持っていても、サインひとつで支払いをすませることができるクレジットカードの利便性に魅力を感じて利用している人が多いはずだ（少額決済の場合、サインレスですむカードもある）。

クレジットカードの功罪

クレジットカードを利用することで生じるメリットを整理すると次のようになる。

①キャッシュレス＝クレジットカードが決済手段となり、現金を持ち歩かなくていいので安全

②クレジットカードで買い物をするごとに後払い＝手持ちのお金がなくても買い物ができ

る
③期限の利益＝これは法律用語で難しい言葉だが、買い物をしてもすぐにお金を支払わなくていいので、支払いまでの時間を得したことになるという意味。これをユーザンス、あるいはグレースピリオドという
④支出の平準化＝貯蓄を切り崩さずに買い物ができて、計画的な支払いが可能になる

これをクレジットカード会社の側から見るとどうなるか。顧客に提供する先のような金融関連サービスの対価として次のような手数料収入を得ることができる。これをヒュービジネスという。

①分割払いやリボルビング払いの金利収入
②加盟店が支払う手数料
③キャッシングによる金利収入
④カード会員が支払う年会費

こんなふうにクジレットカードの機能を見ていくと、クレジットカードができたことで買い物やレジャーは金持ちだけの娯楽ではなくなり、多くの庶民がたくさんのお金を使って楽しむことができるようになったことがわかる。誰もがより自由にお金を使えるようになったのである。

しかし、分割払いやリボルビング払い、キャッシングは諸刃《もろは》の剣だ。衝動買いを繰り返したり、収入を度外視して買い物に走る人や、遊びやギャンブルにお金をつぎ込む人を増やした。消費の欲望をコントロールできずに破滅していく人も少なくない。

始まりはアメリカの富裕層からだった

さて、ではクレジットカードは、いつごろ、どこで生まれたのだろうか。

クレジットカードの原型は、100年ほど前にアメリカの石油会社、航空会社、ホテル、百貨店が発行した顧客カードといわれる。

それはいま私たちが使っているクレジットカードとは大きく異なるものだった。第二次世界大戦の混乱期を経て、資本主義を牽引する超大国となったアメリカでは、1950年代に入ると現在国際ブランドと呼ばれるクレジットカード会社が相次いで産声を上げた。

そこから今日のようなクレジットカードが徐々に普及していくことになる。

まず、1950年にニューヨークのビジネスマン、医師、弁護士など100人が会員となり、レストランを加盟店とする富裕層のためのダイナースクラブを発足させた。クラブの会員となると名前や会員番号が書かれた会員証（手帳型の紙製カード）が渡され、加盟店になっているレストランを利用することができた。これが世界初のT＆E（Travel & Entertainment）のクレジットカード会社の誕生といわれる。ちなみに、ダイナースとは「食事をする人」という意味。

マスターカードとVISAの誕生

その翌年の1951年には、同じくニューヨークにあるフランクリン・ナショナル・バンクという銀行がクレジットカードの発行を開始する。そして58年には、アメリカン・エキスプレスとバンク・オブ・アメリカがクジレットカード事業に参入する。

アメリカン・エキスプレスは、1850年に幌馬車で貨物を運ぶ運送業者として創業。後に郵便為替業務や旅行サービス業に進出し、初めてトラベラーズ・チェック（海外旅行者用の小切手）を発行した会社としても知られる。

トラベラーズ・チェックは2014年3月に日本での取り扱いを終了したが、クレジットカードがいまのように普及していなかったころは、海外旅行に出かける日本人にとって欠かせないものだった。出発前の空港で、現金をトラベラーズ・チェックに替えたという人は多いはずだ。海外に行って万が一紛失したり盗難にあっても再発行してくれるので、現地の通貨を現金で持ち歩くよりもはるかに安全だった。

バンク・オブ・アメリカは、アメリカ西海岸のカリフォルニア州に本拠を置く銀行で、現在、世界最大のクレジットカード会社であるVISAの前身。66年にはカリフォルニア州以外のほかの銀行が同社のバンカメリカードを取り扱うことを許可するライセンス業務を開始する。

これに対して、同年アメリカ東海岸の銀行が集まって、インターバンク・カード・アソシエーション（ICA）を設立。これが後のマスターカードだ（79年にICAはマスターカード・インターナショナルInc.となる）。

一方、バンク・オブ・アメリカは70年にナショナル・バンク・オブ・アメリカカードInc.（NBI）を設立し、そのNBIが74年にインターナショナル・バンク・カード・オーガニゼーション（IBANCO）を設立して国際カード業務を開始する。さらに77年になるとIB

ANCOはVISAインターナショナル・サービス・アソシエーションに名称変更し、カード名もバンカメリカードからVISAに変えた。

巨大化する国際ブランド

こうして70年代末にVISAとマスターカードの2大国際ブランドが誕生し、クレジットカード業界の盟主の座を争った。2006年にはマスターカード、2007年にはVISAが株式会社に改組し（それぞれマスターカード・ワールドワイド、VISA・ワールドワイドとなる）、直後にIPO（新規株式公開）を行い、米株式市場に上場した（VISAは2008年）。これによって両社は名実ともに膨大な会員を抱える世界的な大企業となった。

しかし、現在は会員数、取扱高などでVISAがマスターカードを圧倒して一強体制を築き上げ、盟主の座を不動のものにしている。

2016年の実績を見ると、会員数がVISA＝31億2100万人、マスターカード＝16億6900万人、取扱高はVISA＝8兆8640億ドル（約975兆円）、マスターカード＝4兆8270億ドル（約531兆円）といった具合だ。

これにはキャッシングやカードローンを含むが、VISA、マスターカードがいかに巨大なグローバル企業であるかがわかる。

クレカの支払いにも小切手がよく使われるアメリカ

アメリカのクレジットカードの歴史を少し細かく見てきたが、キャッシュレスの決済手段として、実はクレジットカードに先行するものがあった。それは小切手である。

小切手は株券や国債などと同じ有価証券で、当座預金の残高に応じて振り出すことができる。つまり、自分の当座預金の残高以上の金額を小切手に書き込むことはできない。小切手を受け取る側は、自分の名前を裏書きして銀行に持ち込めばすぐに券面に記載されている額のお金に換えることができる。

日本では主に企業間の取引に使われ、個人で小切手を利用することはほとんどない。ところが、アメリカでは電気、水道などの公共料金や家賃の支払いに日常的に小切手が使われている。日本人なら「銀行振り込みや自動引き落としを利用したほうが便利なのではないか」と素朴な疑問を感じるかもしれない。

インターネットが普及したIT時代に、なぜいまでも小切手が幅広く使われているのかというと、アメリカでは日本に比べて銀行の手数料が非常に高いことがひとつの理由だろう。日本なら数百円ですむ振込手数料がアメリカでは1000円以上になるからだ。

しかし、何よりもアメリカでは古くから小切手が人々の暮らしの中にしっかり根づいていたことも大きい。小切手はいまから350年以上も前にイギリスで使われるようになったといわれているが、アメリカでもクレジットカードが登場する前から、小切手はキャッシュレスで後払いという誰もが気軽に使える決済インフラとして定着していたのだ。

日本では、クレジットカードでの支払いは銀行の口座引き落としを利用した自動振り替えとセットになっている。ところがアメリカでは、クレジットカードを利用した消費者が、カード会社から送られてきた請求書を受け取ったあとに、小切手に支払う金額を書いて、それをカード会社に郵送して支払いをすませることが多い。

こうしたかたちでクレジットカードが普及したいまでも小切手が併用されている。

また、先にクレジットカードの支払い方法について述べたように、日本では一括払いが多いのに対して、アメリカのクレジットカードはほぼすべてリボルビング払い、つまり分割払いになっている（例外として、アメリカン・エキスプレスやマスターカードのチャージカードといわれるものは一括払い）。この違いも、小口に分けた小切手による支払いにつながっているのかもしれない。

さらにいえば、銀行に対する信用度が日本ほど高くないのも理由のひとつかもしれない。銀行で不正が行われるのを恐れて口座引き落としを避けるのだ。

こうしたさまざまな理由で、アメリカではいわば〝小切手文化〟の土壌があり、その上に、富裕層の利便性向上や銀行の新たな収益源としてクレジットカードが考案され、一般の人々の間に普及していったのである。

日本の戦後消費を支えたチケット・クーポン

アメリカで生まれたクレジットカードが日本に入ってきたのは1960年代だ。

ただし、もともと日本では、明治時代から代金を12回とか20回など小口に分けて毎月返済していく月賦《げっぷ》販売、割賦《かっぷ》販売が行われていた。月賦という言葉はいまはほとんど使われず死語になった感があるが、昭和初期になると、呉服や靴、家具などさまざまなものが盛んに月賦販売されるようになっていたという。

第二次世界大戦後、日本の復興とともに人々の暮らしがよくなるにつれて消費も活発になり、日本各地で中小の小売店が集まった「専門店会」や、日本信販（現三菱ＵＦＪニコス）

に代表される「信販会社」が数多く誕生し、庶民の旺盛な消費欲に応えた。

これらの多くは後にクレジットカード会社へと衣替えしていくことになるが、当初は「チケット」や「クーポン」による立て替え・分割払いを事業の中心に据えていた。

チケットは専門店が発行する50円や100円の金券が3000円分くらい綴られていて、ミシン線に沿って切り取れるようになっている。これを企業を通して社員に渡しておく。社員が専門店会の加盟店でチケットを使って買い物をすると、まず専門店会が代金を立て替える。加盟店は専門店会に手数料を払う。社員の買い物代金は給料から数回に分けて天引きされ、企業がそれをまとめて専門店会に支払う。

クーポンも基本的な仕組みはチケットと同じだが、クーポンを使う顧客が大手企業の社員や官公庁の職員で、加盟店が百貨店（デパート）である点が異なる。

チケット、クーポン販売の仕組みのキモは、企業の連帯保証を取る点で、加盟店は代金の取りっぱぐれを心配せずに販売に注力できた。

復興の道を歩み始めたとはいっても、まだまだ貧しかった昭和20年代から30年代半ばにかけての時代に、個人よりも企業や役所の保証が優先されたことの表れだ。

クレジットカード時代の幕開けとなった60年代

昭和30年代の半ばをすぎると、つまり1960年代に入ると、いよいよ日本のクレジットカード時代の幕が開く。

・日本交通公社（現JTB）と富士銀行（現みずほ銀行）などが出資し、株式会社日本ダイナースクラブ設立（クレジットカードの発行開始は63年）。米ダイナースクラブの世界で10番目のフランチャイズだった。

・月賦販売百貨店の丸井の月賦の呼称をクレジットに変え、日本で最初のクレジットカードを発行。

この2つはいずれも1960（昭和35）年の出来事で、同じ年、西武百貨店もクレジットカードの発行を開始しており、その後、東武、小田急、松屋、伊勢丹などの主要百貨店が軒並みクレジットカードの発行を始めている（ただし、対象は掛け売り＝後払い客に限定）。

後の「サラ金（サラリーマン金融）」、消費者金融が誕生したのもこの60年代だ。当時は団地のエリートサラリーマンを対象にしていたために、「団地金融」と呼ばれた。しかし、80年代半ばに高利と過剰な取り立てで「サラ金地獄」を招き、社会問題となった。

銀行系カードの誕生と国際ブランドの参入

１９６１年に三和銀行（現三菱ＵＦＪ銀行）と日本信販が後の国際ブランド「ＪＣＢ（日本クレジットビューロー）」を設立。さらに67年に当時の三菱銀行と東京銀行が母体のＤＣカード、住友銀行（現三井住友銀行）による住友クレジットサービス（現三井住友カード）、69年には第一勧業銀行、富士銀行、あさひ銀行、さくら銀行の都銀４行を母体にしたＵＣカードが誕生し、いわゆる銀行系カードがほぼ出そろった。

これらの銀行系カードは、60年代後半から70年代の初めにかけて国際ブランドと相次いで契約し、国際ブランドのロゴの入った世界各地で使えるクレジットカードを発行する。いまではすっかり当たり前になったクレジットカードは、国際ブランドの日本市場への進出と海外へ出かける日本人観光客の増加という背景があって、日本に定着していった。

このころすでにクレジットカードはクーポン券からプラスチックカードに変わっていたが、71年には磁気ストライプつきのカードが登場し、ＣＤ機でのキャッシングもできるようになる。

「イシュアー」と「アクワイアラー」で一気に拡大

ここで忘れてならないのは、２大国際ブランドのＶＩＳＡとマスターカードがフランチャイズ制に基づく「イシュアー」と「アクワイアラー」という仕組みを持ち込んだこと。クレジットカードの発行業務を行うのがイシュアー、加盟店開拓・取引を行うのがアクワイアラーだ。イシュアーとアクワイアラーが同一の会社の場合もある。

ＶＩＳＡとマスターカードは自社のメンバーになった日本のクレジットカード会社にこの権利を与え、業容の拡大を図った。80年代後半から、この2社の比重が増すにつれて、イシュアーとアクワイアラーという言葉が関係者の間で日常的に使われるようになる。

この仕組みが日本のクレジットカード会社に与えた影響は大きい。それまでのクレジットカード事業は、同じ会社が会員募集をしつつ、加盟店開拓をしていることが多く、効率が悪かった。それが、会員を集める会社と、加盟店を開拓する会社とにほぼ分かれることによって効率が上がり、クレジットカードが一気に普及した。

また、89年にＶＩＳＡとマスターカードのメンバーになっている日本のクレジットカード会社に対し、加盟店の相互開放を義務づけたため、それまで自社だけで囲い込んでいた加盟店とカード会社の関係が現在のように相互乗り入れ型に変わった。これもイシュアーとアクワイアラーに分かれていたからこそできたともいえる。それによってクレジットカード利用が一段と促進されたのである。

再編が始まった日本のクレジットカード業界

こうしてさまざまなクレジットカードが多数生まれたが、信販系、銀行系カードは、90年代から2000年代初頭にかけての銀行を中心とした金融再編に伴って統廃合を繰り返し、この10年の間に主なカード会社の多くが、3大メガバンク（三菱UFJ銀行、三井住友銀行、みずほ銀行）に次々と飲み込まれた。

そして、三菱UFJグループ→三菱UFJニコス（ニコス+DC+UFJカード）、ジャックス、JALカードに、三井住友グループ→三井住友カード、セディナ（OMC+クオーク+セントラルファイナンス）に、みずほグループ→クレディセゾン、UCカード、オリエントコーポレーション（オリコ）にと、それぞれの陣営に分かれて激しい争いを繰り広げてきたが、「規模の拡大」をめざす競争は現在は一段落している。

さらに、最近になってメガバンクとクレジットカードの関係に新たな変化が生じている。みずほ銀行は2017年1月26日に、クレディセゾンとの包括提携の見直しを発表している。同行は２００４年にセゾンと業務提携し、みずほ傘下のユーシーカード（ＵＣ）が行っていた会員事業をセゾンに全面的に移管した。その結果、セゾンは会員事業、ユーシーカードは加盟店事業にそれぞれ特化したカード会社になったが、その契約を見直して互いに従来のカード会社の姿に戻したというわけだ。

一方で、みずほ銀行が筆頭株主の信販会社オリエントコーポレーションとの関係も強まった。「みずほマイレージクラブ（ＭＭＣ）カード」の発行をセゾンに全面委託してきた契約を改め、オリコからも発行ができるようにしたのだ。みずほ銀行は、これらの見直しについて「カードビジネスの自由度を高めるため」と説明した。

マクロ的に見ると、規模の拡大を競うためにカード会社を飲み込み続けてきたメガバンクのカード戦略の転換が始まったということだろう。これまで、メガバンクは系列のカード会社を集めて会員数の多さを誇る傾向にあったが、目的に合わせてメガバンクがカード会社を系列を越えて選ぶ時代に変わってきた。

銀行の商品であるデビットカードの分野でもブランドカードの時代が始まっているが、ここでもみずほ銀行はＶＩＳＡやマスターカードではなく、これまで比較的遠い関係だったＪＣＢと組んで、「みずほＪＣＢデビット」の発行を始めた。このようにみずほ銀行は最近、「常識」にこだわらない動きを見せている。これは後に詳述するフィンテックが大いに関係している。

今後、フィンテックが盛んになってくると、メガバンクとしても新しい技術やビジネスモデルを掲げるベンチャーとのやりとりが日常的になる可能性がある。そのとき、従来のような系列のカード会社との連携に固執していては後れを取ってしまう。系列を含め、もっと自由に動ける体制を組まねばならない。

みずほの動きはその先駆けであり、ほかのメガバンク系列グループにもこの動きは広がるだろう。

異業種からの相次ぐ参入で〝脱現金〟が本格化

時間を少し前に戻すと、クレジットカード業界には〝異業種〟からの参入も相次いだ。93年にJR東日本がビューカードの発行を開始。95年に銀行系クレジットカードとの大型提携カードとしてスタートしたトヨタカードが、2001年にトヨタファイナンスのプロパーカードに移行した。2005年にはNTTドコモが携帯キャリアとしては初めてクレジットカード事業に参入。同年には楽天が国内信販を子会社化して楽天カードの発行を開始している。

キャッシュレス決済ということでいえば、電子マネーのＳｕｉｃａが登場したのが２００１年。この年が電子マネー元年であり、さらにいえば、キャッシュレス革命元年だと私は考えている。

Ｓｕｉｃａによって電車に乗るたびに現金を券売機に入れて切符を買うという、それまで当たり前だった光景が当たり前でなくなった。このことの持つ意味は大きい。Ｓｕｉｃａの成功を見て、２００７年にｎａｎａｃｏとＷＡＯＮなどの大型電子マネーがスタートしたことで、〝脱現金〟が日本で本格化した。

このようにクレジットカード業界には流通系、交通系、さらにＩＴ系などの新興のカードが加わった。そこに電子マネーが登場して、さまざまな陣営がスマートフォンを使った新しい決済システムとの連携を探りながら熾烈な顧客争奪戦を繰り広げている。それがキャッシュレス決済市場の現状である。

多様化を見せるクレジットカード

以上、駆け足でクレジットカードの歴史を振り返ってきた。古くは明治時代からの月賦・

割賦販売に始まり、今日ではインターネット決済で欠かせない金融システムとして、クレジットカードはキャッシュレス化に大きく貢献してきたといえる。

クレジットカードがキャッシュレス化の中心を担っている最大の理由は、やはり顧客の信用情報を取り込んだことだ。最初は、お金を返せるちゃんとした人に会員になってもらうという自己防衛の意味合いが強かった。返済能力があるのかないのかをしっかり区分けするためだった。その情報がいま、ビッグデータとして貴重な価値を持つものになった。

現在のクレジットカードは日本の文化をよく反映している。

たとえば、月賦百貨店・丸井のクレジットカードがルーツのエポスカード。この会社の加盟店開拓の方法は非常にユニークだ。どちらかというと、これまでカード会社が敬遠してきた遊園地、居酒屋、カラオケ店などの加盟店開拓に力を入れている。

ちょっと下世話な、よくいえば庶民的な店。アミューズメント施設ではあるけれど、エンターテインメントとまではいえない。そんな店に対して優待券、割引券、クーポンなどのサービスをきめ細かに行っている（あえてポイント付与を売りにしないのが新鮮に感じる。割引とクーポン、ポイントを使い分けている）。

中間層が利用するレストランやダイニングバーなどが中心の三井住友カードやＪＣＢな

どとは戦略が異なる。

まだある。日本のクレジットカードの多くが、カードの券面にさまざまなアニメキャラクターのイラストを載せているが、エポスカードはほかのカードとは一味違う。ＢＬコミック（ボーイズラブ＝男性同士の同性愛を描いた漫画）の主人公の美少年が載ったカードを何種類も出していて、このジャンルのカードはエポスカードの独壇場になっている。

大手企業に勤める比較的経済的に余裕のある20代後半から30代前半の女性がこうしたカードのファンで〝貴腐人〟と呼ばれている。この女性たちは、クレジットカードの利用率が高く、カード会社にとってはたくさん手数料を払ってくれる、よいお客様ということになる。

クレジットカード会社が各社横並びで同じようなサービスをしていても、消費者の心をつかむことはできない。その意味で、エポスカードの取り組みは注目に値する。

一方でアメリカン・エキスプレス（アメックス）などの高級カードは、別の戦略を取る。アメックスの最高級カードは年会費が37万円。これだけ高額の年会費を払う理由は、航空チケットの手配などのコンシェルジュ・サービスに尽きる。秘書の役割をカード会社が代わってしてくれる。

ラグジュアリー・ゴールドカードの年会費は20万円。新生銀行系のアプラスが２０１６年から発行を開始した新しい高級カードで、国立の美術館がすべてフリーパスになるという特典もある。

このように、それぞれのクレジットカード会社が、それぞれの戦略に基づくサービスを展開し、会員獲得にしのぎを削っている。この競争が、結果的に日本のキャッシュレス促進に役立っているのは事実だ。

「ポイント」が今後の行方を左右する

日本の文化的な持ち味を生かして利用者を増やそうとするカードと、豪華な付帯サービスで利用者の期待に応えようとする高級カードのターゲットは当然異なる。しかし、どちらのカードも無視できないのはポイントだ。

海外とは違って日本のクレジットカード会社のポイントサービス競争は激化する一方だ。利用者はクレジットカードを使えばポイントがつくのが当たり前だと思っているし、ポイント還元率の高さがカード選びの基準にもなる。

アメリカではクレジットカードと同じくらいよく使われているデビットカードが、日本ではこれまではあまり普及してこなかった。アメリカでなぜデビットカードが多いのかというと、ひとつの理由は不法移民が多いためだ。不法移民はソーシャルセキュリティー番号がないためクレジットカードがつくれない。それで銀行口座をつくってデビットカードを手に入れたため、どんどん増えた。

日本の場合は、誰でもクレジットカードが持てる。クレジットカードが行き渡ってしまえば、わざわざデビットカードをつくる必要がない。

もうひとつの理由が、デビットカードのポイント還元率が低いことだ。デビットカードの還元率は0・2～0・25％でクレジットカードの半分ほど。同じ買い物をするならポイント還元率の高いクレジットカードがいいということになる。

ポイントは日本のカードユーザーにとってそれだけ重要なものだ。野村総合研究所の調査によると、ポイント決済市場は2020年に1兆円に達するという。そのためクレジットカード業界の関係者からは、「ポイントは単なる付帯サービスではなく、マネーの代わり」という声もあがっている。

実は日本ではこのポイントがキャッシュレス革命の行方を大きく左右する。そういっても決して過言ではない。

第5章

キャッシュレス時代の覇を競う「ポイント」サービス大戦争

消費者から選ばれだした「三通カード」

クレジットカードは発行元によって、銀行系、信販系、商業系、そのほかに分かれている。だが現在は、クレディセゾンとみずほの例で見たように、クレジットカード会社のメガバンク離れの動きも見える。メガバンクもいわゆる系列を越えて、自由にパートナーを選ぶ傾向を見せている。

こうした中で注目すべきは、「交通系」、「流通系」、「通信系」のいわゆる「三通カード」が勢いを増し、先行する銀行系グループに肉薄しだしたという事実である。たとえば交通系ならＪＲ東日本グループのビューカード、流通系ならイオンカード、通信系ならｄカードなどだ。

三通カードが勢いづいている理由としては、毎日の通勤や買い物に使えて便利なこと。また、電子マネーや共通ポイントなどとの相性がよく（相互活用ができたり、チャージ時にポイント加算があったりする）、あわせて使うと相乗効果を得られることを多くの人が実感し始めているからだ。

三通カードの発行会社は、いずれも一般消費者に近い企業であるために、利用者視点

(図表9) クレジットカードの業態別比較

信販系

・ライフカード
・オリコカード
・ジャックスカード
など

銀行系

・三菱UFJニコス
・三井住友カード
・JCBカード
・ユーシーカード
など

商業系・その他

・イオンカード
・セブンカード　・楽天カード
・TS CUBICカード(トヨタ系)
・dカード　・ビューカード　など

のサービスが豊富で、使いやすい。また、いずれも厳しい消費者の目にさらされ、熾烈なカードサービス競争を繰り広げているから、たいていは「得」をすることはあっても「損」をすることはない。それが周知されてきたから、新しいカード選びの基準になりつつある。

　クレジットカードは18歳以上で社会人にならないと持てない。かつてサラリーマンは入社した会社のメインバンクのカードを持たされることが多かった。私も大学卒業後に就職した会社で系列のカードを無理やり持たされたものである。

しかし、いざ使おうとするとそうした銀行系クレジットカードは、ステータス感はあっても、休日の時間外利用で手数料を取られないなどATMのサービスが若干目立つくらいで、買い物で割引があるわけではないし、付帯の保険が充実しているのでもなかった。だから、次の年には別のカードに切り替えてしまった。

誰が考えても、カードを持つなら、毎日の買い物で割引になったり、ポイントがたくさん貯まったり、補償が多いものがいいに決まっている。

その条件に合うカードが三通カードであり、さらに三通カードなら、電子マネーに加えて、すでに述べたようにポイントの相互利用やポイント加算の特典があり、それらをあわせて使うと相乗効果を得られることもメリットとなっている。だから、取扱高も急速に伸びているのである。

なかでも三通カードの代表格の楽天カードは、ここにきてさらに勢いを増し、2018年1月に発表された年間取扱高（楽天カードを使って取引されたショッピング売上高）で、単体カードとしては初めて大手メガバンクのカードを抜いてトップに立った。これまで、流通系カードが銀行系カードを抑えて1位になることなどなかったので、業界内では快挙として話題になっている。

これについては連日テレビで放映される「楽天カードマン」のＣＭ効果が大きかったといわれているが、それだけではない。なんといっても楽天が発行する楽天スーパーポイントの果たす役割が大きかった。

楽天スーパーポイントはどこで使っても基本１００円につき1ポイント（1％）のポイントがつく高還元率カードだ。ほかのカードの多くが０・５％のポイント還元率だから、それより有利である。さらに、楽天市場利用者には気前よく2倍、３倍のポイントを提供してくれる。キャンペーンになると、さらにポイントが加算されるほか、プロ野球の楽天イーグルスやＪリーグのヴィッセル神戸が勝ってもポイントが倍増するといった具合で、まさに大盤振る舞いのポイントサービスだ。

また、楽天市場だけではなく、楽天トラベルや楽天ブックスでも業態をまたいでポイントが貯まって使えるという利便性は楽天スーパーポイントならではのもの。いまではライバルのヤフージャパンをはじめ、ほかのカード会社もこぞって真似をしているが、ポイントサービスに関しては、楽天がまだ頭ひとつどころか、２つも３つもリードしている。

楽天カードは2005年の誕生以来、ウェブ入会限定とうたっていた。これも特筆すべきである。紙（応募用紙）での入会をやめたことで、社内に連絡先や属性を入力するキーパンチャーが必要なくなった。不要になった人件費分をポイントに回すことができたからだ。

現金との戦いのために生まれたポイントサービス

前述したように、日本のクレジットカードの歴史は現金との戦いだった。現金にまさる魅力をつけないと誰も見向きもしなかったので、カード会社はポイントサービスなどでなんとか利用者の気を引こうと躍起になった。

しかし、30年くらい前まではそれを批判する銀行マンが多かった。私も「射幸心をあおるばかりで、そんなものをつけるのは邪道」「クレジットカードは決済に徹すべき」といわれたことを覚えている。しかし、邪道であれ何であれ、利用者が増えなければカード会社は商売にならない。ポイントだって何だって、それがビジネスになるのならつけるのは当然だ。

クレジットカードで最初にポイントサービスを始めたのはJCBで、1981年にはいまのポイントプログラムに近いかたちのサービスを始めている。カード利用ごとに1点、利用明細書の合計金額1万円ごとに1点を追加し、ポイントは毎月送付される利用代金明細書に応募シールが印刷され、これを切り取って応募台紙に貼って、景品を書いて送るという方式だった。景品はソニーの「ウォークマン」が人気だったという。

ＪＣＢの成功を見て住友クレジットサービス、ユーシーカード、ＤＣカード、日本信販など大手カード会社が続々とポイントサービスに参入していった。クレジットカードには必ずポイントがつくようになった。

その動きと並行するように、クレジットカードを使って「お得を取ろう」という言葉が一般的に使われるようになり、「このカードはお得だから持とう」となっていった。「お得」には、カード利用での割り引きや海外旅行傷害保険も含まれ、その時々で光の当たる部分が変わるのだが、一貫してポイントが最大のサービスであることには変わりがなかった。

そして、インターネットが本格的な普及を始めた２０００年ごろから、個人の消費行動が劇的に変わった。それまで商店街などに出向き、目当ての店に行って商品を手に取り、吟味して買っていた人たちが、インターネットのおかげでパソコンの前にいてクリックするだけで、好きな商品を購入できるようになった。支払いはクレジットカードでするようになったので、カードの取扱高が急速に上がった。これがいわゆるネットショッピングのブームであるが、人々が店に行かなくなり、家の中で買い物をすませるようになったために商店街が寂《さび》れ、配送業者が忙しくなるなど社会的にも大きな影響があった。

一方でインターネットで送り手と受け手が直接つながったために、ウェブ上で景品選びから景品の申し込みまでできるようになった上に、ポイント同士（マイル含む）の交換が自由にできるようになった。

たとえば、三井住友カードのワールドプレゼントポイントの場合は、「ビックカメラ」「ジョーシン」「ヨドバシカメラ」「ベルメゾン」「楽天」などのポイントに交換できる。これによって、ポイントの地位が急上昇して、みんながポイント自体の体力（交換先の多様さ）を見るようになり、ポイントの還元率に注目するようになった。還元率競争が起こったのだ。

還元率の高さで身を削り合う

ポイントに利用者の注目が集まれば、勢いクレジットカードの利用金額に対してどれくらいの率でポイントを付与するか、すなわちポイントの還元率の高さの競い合いになる。

クレジットカードのポイントはカード会社が負担することが多いが、加盟店手数料が2

～3％しかないのに、1～2％も還元していては商売はあがったりである。しかし、より多くの人に使ってもらおうとすれば、ポイントの還元率をより高く設定するのがよいということにならざるを得ない。

業界でいわれるのが還元率の採算分岐点は0・5％ということ、それなのに、1％～1・5％以上出すとなると、クレジットカード会社は身を削らねばならなかった。

たとえば、かつてジャックスの漢方スタイルクラブカードは1・75％、リーダーズカード1・5％、REXカード1・75％、リクルートライフスタイルのリクルートカードプラス2％などの高還元率であった。リーダーズカードは一時アマゾンでの利用の場合、還元率がさらに高くなり、クチコミで広がって業界関係者がこぞって手にした。クレジットカードのランキングサイトでもつねに上位にあったことも人気に拍車をかけた。

ところが、こうした高還元率カードが実際に利用されたかというと、必ずしもそうではなかった。チェリーピッカーといわれる人たちも多く、入会したときにもらえるボーナスポイントを手にすると、すぐに解約した。彼らはボーナスポイントが目的で、新カードが出るとボーナスポイントだけ取ってやめ、得たポイントをすぐに金券などに換えることを繰り返すのだった。

当然、カード会社の収益には結びつかなかった。おまけに高還元率だから、ポイントの原資負担も大きかったので、カード会社にとっては〝逆ザヤ〟になる。

そんなこともあって、3~4年前からカードの還元率の見直しが始まり、高還元率カードは次々と発行停止に追い込まれ、2017年には表舞台からほとんど姿を消した。

その点、楽天のスーパーポイントは、多くが楽天グループ内で使われるために、多少、高還元率でも利益が外に流れ出ることが少ないため影響は小さかった。その点がジャックスやリクルート系カードとの大きな違いだ。

グループの垣根を越える共通ポイントの誕生

その一方で、ポイントに慣れ親しんだ利用者は、さらなる「お得」を求めるようになった。高い還元率は達成した。次は利用場所をもっと増やしてほしいという声が大きくなった。それに応えて登場したのが共通ポイントだ。

顧客囲い込みのツールとして誕生したポイントプログラムの一部は、他業種との提携を繰り返し、〝共通ポイント〟へと進化を遂げていった。その主なものが、2002年10月にスタートした元祖共通ポイントのカルチュア・コンビニエンス・クラブの「Tポイント」、続いて三菱商事系の「Ｐｏｎｔａポイント」、さらに楽天の「楽天スーパーポイント」が続いた。そして、２０１５年にはドコモの「ｄポイント」が共通ポイント事業への参入を果たしており、共通ポイント勢力がわが国の消費の現場を日々塗り替えていった。

共通ポイントとは、いままでグループ内でしか貯まらなかったポイントを、業種の垣根を越えて多くの店舗で貯まり、使えるようにした汎用性《はんようせい》の高いポイントのこと。店先で配布されているポイントカードを提示（入力）するだけで、提携先のリアル店舗、ネット店舗でポイントを貯めることができる。共通ポイントの提携先は日々拡大中で、生活のあらゆるシーンで無理なく貯めることが可能になっている。

貯まった共通ポイントは提携先で通貨のように使えるが、カード会社が独自に発行するポイントとの相互交換も可能だ。相互関係は少々複雑だが、この流れを押さえておけば自分が集めたいポイントやマイルに集約することもできる。

共通ポイントはクレジットポイントに比べて高還元率とはいかないまでも、日々の暮らしで無理なく貯められるから、自分の生活導線に合ったポイントを選ぶことができて、結果的に多くのポイントを貯めることができる。それがキャッシュレス社会の前進に貢献している。

以下で、主な共通ポイントの特徴をあらためて見ていく。

共通ポイントの元祖Tポイント

Tポイントは2017年12月末時点で提携店舗数が77万超と共通ポイントの中で最も多く、多様な店で使えるのが特徴だ。ポイント還元率は0・2～0・5％と高くはないが、とにかく店舗数が多いから、あちこちで貯めることができる。「ファミリーマート」「サークルK・サンクス」「スリーエフ」といったコンビニのほか、ファミリーレストラン、コーヒーショップなど生活に密着した店舗が多く、普段の生活でコツコツとポイントを貯められる。

ヤフーと提携しているため、インターネット上での貯めやすさも見逃せない。「Yahoo！JAPAN」のIDにTカード番号を登録しておくと「Yahoo！ショッピング」と「LOHACO（ロハコ）」で通常は1％、「5のつく日キャンペーン」と題して毎月5・15・25日にはパソコン・スマートフォン・タブレット利用で3％、スマホアプリでは5％のポイントが貯まる。

「Yahoo！トラベル」や「ヤフオク！」「Yahoo！公金払い」など、ショッピング以外のサービスでもポイントが貯まる。

(図表10) 各共通ポイントの提携先の一例

主な 共通ポイント	加盟店舗数	主な提携先
Tポイント	77 万店	ファミリーマート、サークル K・サンクス、スリーエフ、ANA、TSUTAYA、ENEOS、ガスト、カメラのキタムラ、エディオン、ドトール、マルエツ、YAHOO！ショッピング、ソフトバンクなど
楽天 スーパー ポイント	52 万店	ツルハドラッグ、ANA、出光興産、マクドナルド、くら寿司、ミスタードーナツ、大丸、松坂屋、カフェ&バー PRONTO、ビックカメラ、楽天市場など
Ponta ポイント	19万8000店	ローソン、JAL、昭和シェル石油、ケンタッキーフライドチキン、大戸屋、ライフ、髙島屋、ゲオ、エイチ・アンド・エス、じゃらんnet、NTTドコモなど
dポイント	3万 2200 店	ローソン、JAL、マクドナルド、マツモトキヨシ、ノジマ、東急ハンズ、タワーレコード、AOKI、、d ショッピング、NTT ドコモなど
nanaco ポイント	28 万店	セブン - イレブン、エッソ、マクドナルド、ミスタードーナツ、ビックカメラ、ロフト、エッソ、スギ薬局、イトーヨーカドー、ヨークマートなど
WAON ポイント	29 万店	ミニストップ、ファミリーマート、ローソン、TSUTAYA、JAL、ツルハドラッグ、吉野家、マクドナルド、ビックカメラ、ヤマト運輸、イオン、ダイエーなど
JRE POINT	8500 店舗	アトレ、アトレヴィ、テルミナ、ビーンズ、グランデュオ、シャポー、ラスカ、ペリエ…などのJR東日本の駅ビルにある店舗

※加盟店舗数は、Pontaポイントは2018年5月、WAONポイントは2017年5月、JRE POINTは2018年2月、それ以外は2017年12月時点
※提携先はすべて2018年5月時点

貯めたポイントは1ポイント＝1円として加盟店での支払いに利用できるほか、各種ポイントや商品にも交換可能になっている。

ローソンで貯めるならPontaポイント

ローソンで貯まる共通ポイントといえば、Pontaポイント。提携店舗数は19万8000店で、会員数は8700万人（2018年5月時点）。ポイント還元率は、100円で1ポイント（1％）と高いので貯めがいがある。「大戸屋」や「ケンタッキーフライドチキン（KFC）」など全国チェーンの飲食店をはじめ、百貨店の「高島屋」、スーパーの「ライフ」などでもポイントが貯まる。

「じゃらんnet」「ホットペッパービューティー」「ポンパレモール」といったリクルート系のサービスをよく使う人にも、Pontaポイントはオススメ。これらのサイトはポイント付与率が1～3％と高めに設定されている上、ポイントアップキャンペーンも多く実施されているからだ。

ポイントのお得な使い道は、何といってもローソンの「お試し引換券」との交換だろう。毎週火曜と金曜に公式サイト（お試し引換券・今月の全商品）が更新され、お菓子やお酒、日用品など、さまざまな商品と交換できる。これらの商品は値引き額が大きいのでオススメである。

楽天ユーザーなら必ず貯めたい楽天スーパーポイント

楽天市場をはじめ、楽天トラベル、楽天ブックス、楽天デリバリー、楽天ネットスーパーなど、ほとんどのサービスでポイントが貯まる。会員数は2017年12月末時点で9520万人（楽天会員ID数、登録完了後1回以上ログイン）、提携店舗数は52万店だ。

長所は、何といっても貯まりやすさ。たとえば楽天市場のポイント付与率は通常1％だが、アプリや楽天ゴールドカードなどの併用で、最大11％（期間限定ポイントを含む）になる。随時開催されているキャンペーンを狙えば、さらに多くのポイントを獲得することも可能だ。

「マクドナルド」や「くら寿司」「ミスタードーナツ」など、リアルの提携店舗も増えている。オススメは楽天市場でのキャンペーン時にもらえる「期間限定ポイント」をこうしたリアル店舗で使うこと。「もうすぐポイントの有効期限が切れるけど楽天市場にほしいものがない」というときでも、1ポイントから有効に使えるので便利だ。

また、２ポイント→１マイルでＡＮＡマイルにも交換できる（期間限定ポイントや提携先から交換したポイントを除く）。ネットショッピング好きも、ＡＮＡマイラーも、とりあえず貯めておくのが正解だろう。

dポイントはドコモユーザーには断然有利

２０１５年から共通ポイントに仲間入りしたｄポイント。新規参入ながら、ローソンやマクドナルド、マツモトキヨシとの提携など、ドコモユーザー以外でも貯まる＆使える店舗が増えている。提携店舗数は３万２２００店、会員数は１９７４万人（２０１７年12月末時点）。ポイント還元率は、１００円で１ポイント（１％）と高還元率だ。

やはり最も貯めやすいのは、ドコモユーザーだろう。スマートフォンなどドコモのケータイの利用代金はもちろん、ネットショッピングの「ｄショッピング」、ホテルなどを手配する「ｄトラベル」、雑誌読み放題の「ｄマガジン」、映画・ドラマ配信の「ｄＴＶ」などでもポイントが貯まる。

オススメの使い道は、Ｐｏｎｔａポイントへの交換。５０００ｄポイント→５０００Ｐｏｎｔａポイントと等価交換でき、Ｐｏｎｔａ加盟店で幅広く利用できる。また、ＪＡＬ

マイルへの交換も可能（5000ポイント→2500マイル）なので、JALマイラーならこちらもお得になる。

JR東日本もJRE POINTで参入

2016年2月からサービスを開始したのが、新しい共通ポイント「JRE POINT」だ。JR東日本グループにはいくつものポイントサービスがあって、全部で20種類以上もあった。

代表的なものがクレジットカードのビューカードを利用すると貯まる「ビューサンクスポイント」、電子マネーSuicaを使って買い物をするとポイントが貯まるSuicaポイント、アトレなどの駅ビルが発行するポイントカードの利用で貯まるポイントなどだ。これらのポイントが「JRE POINT」カードに一本化されて使いやすくなった。

2018年7月には、3.5%という高還元のクレジットカード「JRE CARD」を発行して、駅ナカでお得に買い物ができるようになった。

毎日の細かな買い物には「JRE POINT」カードでもよいが、さらに多くのポイントを狙うなら、クレジットカード機能つきの「JRE CARD」をつくるのが賢明だ。

なぜなら、クレジットカードで買い物する場合、単価の高い商品を購入する割合が高く、ポイントもたくさん貯まる傾向があるからだ。自分にとって貯めやすい共通ポイントを見極めることが、得するポイントライフのカギとなる。

ポイントサービスの行方は

このように共通ポイントをはじめとして、ポイントは「お得に」をモットーにその欲望を際限なく肥大化させてきたが、その一方で、キャッシュレス化を進めるエンジンの役割も果たしてきた。ポイントがつくからカードを使おうという意識が定着しだしている。では、ポイントはこれからどのように〝進化〟していくのだろうか。どんなふうに姿を変えていくのだろうか。

そのヒントになるのはクレディセゾンが始めたサービスだ。

同社はこれまで投資信託の運用をポイントでシミュレーションするサービスを行ってきたが、2018年夏からは株式を実際にポイントで売買できる仕組みをサービスインする。還元率0・5%が標準だったポイントプログラムが、株を売買する手段になりつつあるのだ。

こうなると今後はポイントの性質が大きく変わる可能性がある。これまでは決済を補助する0・5%のささやかなおまけだった。それが今度は投資や投機のツールとなり、儲けを狙いにいく手段となる。

一方で、ポイントには常にマイナス面がつきまとっている。お得というものが持つ潜在的なリスクでもあるだろうが、ポイントはいつもバブル化して弾けることを繰り返している。高還元率カードがその一例だ。

高還元率カードのサービス停止のような事件は、クレジットカード業界ではたびたび起こるので、私はこれを「○○くずれ」とか、「○○くずし」と呼んでいる。お得なサービスに人々が群がってバブル化した末に規制が入って崩壊するというパターンだ。

キャッシュレス時代になってからは、やはりポイント絡みのものが多い。すでに述べたジャックス系の高還元率カードの撤退はその典型だが（「漢方スタイルクラブカードくずれ」）、最近でも起こっている。LINE Payカードの場合だ。

このカードは、2%の高還元率を誇るカードだったが、突然2018年5月31日にサービスを終了することを発表した。ほかに高還元率カードが見当たらなくなって、このカードに申し込みが殺到してさばき切れなくなったのではないかといわれるが、確かなことはわからない（発行者側の負担が増えたことは確かだろうが、２％のポイントはやめるわけではなく、ＬＩＮＥペイのコード払い（ＱＲコード、バーコードでの支払いのこと）で提供するということだ。カードからスマホへの流れを象徴するような変更だが、気になるのは２％といっても最大という言葉がついていることだ。すべて２％といっていたいままでとは違い、２％もあるよ、という意味だから、やはりサービス後退ということに変わりはない）。

ポイントは還元率や使い勝手のよさで使う側にとっての魅力が増すと、注目度が高まり、人々が殺到して、結局は「くずれ」てしまうことがある。高還元率・高サービスのカードライフを楽しむ際に、頭の片隅に入れておきたいところだ。

第6章

新たな主役「電子マネー」と「スマホ決済」を賢く使いこなす

うまく活用したい電子マネーのオートチャージ機能

クレジットカードに続いてキャッシュレス時代を牽引するのは、電子マネーだ。2001年に楽天EdyとSuicaが相次いで誕生してから紆余曲折を経ながらも、その使いやすさで人気を博し、取扱高はいまや5兆円を超えるまでになっている。

電子マネーが普及した理由は、電車・バスの交通系やスーパー・コンビニの流通系カードが数多く生まれて、消費者の身近なところで利用が広まったためである。別の言い方をすれば、電子マネーが小額決済に向くツールで、毎日の買い物は現金やクレジットカードではなく、電子マネーですませるという人が増えているからでもある。

キャッシュレスの視点で見ると、電子マネーのオートチャージ機能は重要である。オートチャージとは、プリペイド型電子マネーが残高不足になった場合に、紐づいているクレジットカードから一定額のお金が自動的に入金される仕組みで、現金でチャージする必要がなくなり、残高を気にせずに継続して利用できる。

このオートチャージは、私たちがキャッシュレス化の恩恵を強く感じるサービス機能のひとつであり、とくにSuicaに代表される交通系電子マネーで発達した。

ＪＲ東日本の新宿駅や東京駅のような巨大なターミナル駅では、朝夕のラッシュアワー時には1台の自動改札機で1分間に50〜60人もの通勤・通学客が通過する。そこで残高不足のＳｕｉｃａが使われると、自動改札機の扉は開かずに利用者はその場で立ち往生してしまう。それが繰り返されると、通勤・通学客でごった返す駅はパニックになりかねない。そうした混乱を未然に防ぐために、オートチャージはなくてはならないものになっている。

オートチャージ導入によって、毎朝夕のラッシュ時の自動改札機でのトラブルが少なくなり、電車の利用客がスムーズに自動改札機を行き来するようになった。当然、ＪＲ東日本以外の鉄道事業者もオートチャージを歓迎し、全国の交通系の電子マネーでオートチャージ機能が導入されるようなった。

圧倒的発行枚数を誇るＳｕｉｃａ

２００1年にＪＲ東日本がＳｕｉｃａの発行を始めてから17年になるが、切符を購入する手間が省け、自動改札機にタッチしてからわずか0・2秒で入場できる利便性が受けて、Ｓｕｉｃａの発行枚数は右肩上がりで増え続けている（２０１８年1月時点の発行枚数６６３０万枚）。

Ｓｕｉｃａは非接触ＩＣを使った電子マネーで、電車に乗るのはもちろん街のコンビニやドラッグストアなどで買い物もできる。しかし、プリペイド方式のため、あらかじめお金を入れておかないと電車に乗ることも買い物をすることもできない。

そこで役に立つのが先に述べたオートチャージ機能だ。

Ｓｕｉｃａの場合は、オートチャージ設定金額と入金額をあらかじめ１０００円単位で決めることができる。私の場合は１０００円を下回った場合に３０００円を入金する設定にしている。オートチャージにしてから、ラッシュアワーで混雑する朝夕の新宿駅で立ち往生することがなくなったので、大いに助かっている。

ちなみに、Ｓｕｉｃａのオートチャージは、首都圏・新潟・仙台の各Ｓｕｉｃａ／ＰＡＳＭＯエリアでの改札機入場時に可能となっている（一部の簡易Ｓｕｉｃａ改札機、私鉄との乗換改札機、新幹線自動改札機を除く）。

ただ、いまのところオートチャージ機能が利用できるクレジットカードは「ビュー」マークのついたものだけというのが残念なところ。

また、提携カードはビックカメラＳｕｉｃａカードやＪＡＬカードＳｕｉｃａなど数が限られる。その代わり、いずれのクレジットカードもＳｕｉｃａに紐づけておけば、チャージのたびに3倍のポイントが貯まるのでかなりお得だ。

Ｓｕｉｃａのチャージ機能拡大と共通ポイント化

実は2018年3月17日から、オートチャージサービス機能が拡充された。これまでは入場のときだけオートチャージができたが、改札を出るときにも自動改札機にタッチすればチャージが可能になった。

ただし、出場時に運賃を精算したあとの入金（チャージ）残額が、オートチャージの設定金額を下回る場合、1回のみオートチャージされる。オートチャージしても入金残額が精算額に満たない場合は、オートチャージされない。

また、定期券区間を経由して、定期券区間外の駅間を利用した場合は、出場時にオートチャージされないなどの条件がある。

ＪＲ東日本がこうした新しいサービスを付け加えたのは、乗客の利便性向上のためであるのはもちろんだが、ほかにも理由がある。それは2017年にスタートしたＪＲＥ ＰＯＩＮＴという共通ポイントが関係している。

現在、ＪＲ東日本はアトレ、グランデュオなど、バラバラだった駅ビルのポイントサービスを統合してＪＲＥ　ＰＯＩＮＴとした。さらにＳｕｉｃａポイント、ビューサンクスポイントなどを加えてグループ内の共通ポイント化を図ろうとしている。

２０１７年12月にはＳｕｉｃａポイントが正式に加わり、２０１８年6月にはビューサンクスポイントも統合されてＪＲＥ　ＰＯＩＮＴがその全容を現すことになった。これから利用者の意識は大きく変わるだろう。

ＪＲ東日本の全ポイントサービスがＪＲＥ　ＰＯＩＮＴに統合されると、首都圏各地にあるアトレ、グランデュオ、ラスカ、ペリエなど駅ナカのショッピングセンターでの買い物分もポイントで合算できる。

さらに街ナカでのスイカの利用やビューカードで貯めたポイントも合算できるため、上手に買い物するとかなり大きな額のポイントを毎月獲得できるようになる。

一方で、駅ナカでの利用が増えると、買い物に使うＳｕｉｃａの利用も増えるから、結果的に残高も少なくなる。そうなると、自動改札機を出ようとしても残高不足で扉が開かないケースも増えるだろう。そうした不便をなくすために自動改札機を出る際にもオートチャージできるようにしたのだ。

JR東日本の戦略は「駅ナカから街ナカへ」

さらにいえば、プリペイド型の電子マネーの過当競争が背景にある。

Suicaをはじめ PASMO、nanaco、WAON、楽天Edyは、誕生当初はいずれも限度額が最大2万円だった。ところが、SuicaとPASMOはいまも2万円だが、nanaco、WAON、楽天Edyは5万円に上がっている。

nanacoとWAONの発行会社は、ここ5年ほどでスーパーから百貨店にまで業態を広げているため、2万円では少なすぎるという声があがった。そこで5万円にまで引き上げた経緯がある。コンビニなら2万円で十分だが、百貨店となると5万円くらいないと買い物ができないという理屈だ。

現在、電子マネーの中で最も利用件数が多いのはnanacoだといわれている。一方で利用金額が最も大きいのがWAONだといわれている。nanacoが2万店という圧倒的な店舗数を誇るセブン−イレブンを中心として利用されているのに対して、WAONはイオンモールでの単価の高い買い物が増えているので、利用件数は少なくても金額が大きくなるためだ。

JR東日本の戦略は、Suicaで電車に乗ってもらい、駅ナカでコーヒーやパン、新聞を買ってもらい、さらに駅ビルで洋服やアクセサリーを買ってもらうという具合に、すべてを駅関連で消費してもらおうというもの。その中心にJRE POINTを据えるという構想を描いている。

そうした買い物の利便性をより高めて利用を増やしてもらうために、駅ナカから街ナカへと出るときにお金が足りない、ということがないように、退場時のオートチャージを付け加えたということだ。

電子マネーはこれまで小額決済のツールとして位置づけられていたが、誰もが手軽に使えるキャッシュレス決済の手段として広く普及したため、いまやクレジットカードに代わるキャッシュレス時代の主役になろうとしている。JR東日本のオートチャージサービス拡大の動きも、そうした流れの一環と見ることができる。

流通系電子マネーもオートチャージ機能を搭載

2007年に登場した流通系電子マネーのWAON（イオングループ）も、早い時期からオートチャージに注目してサービスを実施している。

WAONカードには、限度額2万円と5万円の2種類がある。5万円カードなら、オー

（図表11）オートチャージのしくみ（Suica）

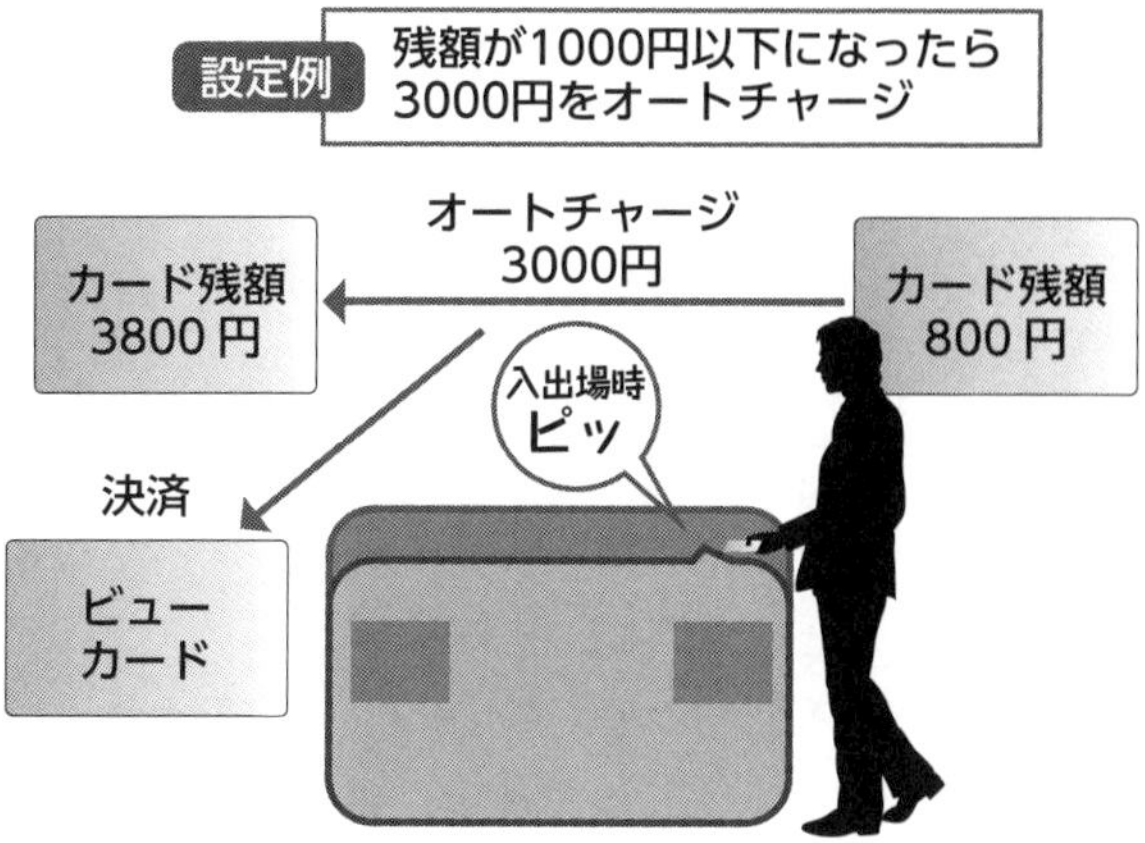

トチャージ開始の残高金額設定は１０００円〜４９０００円の範囲、入金設定は１０００円単位でできる。クレジットカードでのチャージは１日何回でもできるが、１会計で１回までとなっている。

オートチャージされた金額は基本的にクレジットカード利用分として請求される。ＷＡＯＮにオートチャージができるクレジットカードはいくつかあるが、イオンカードセレクトだけがオートチャージでＷＡＯＮポイントが付与されるという特典がある。

イオングループのライバル、セブン＆アイグループも、２０１７年６月からとずいぶん遅いスタートだが、電子マネーｎａｎａｃｏのオートチャージを始めた。１０００円単位でチャージ金額が設定可能という点はＳｕｉｃａやＷＡＯＮと同じだ。

ｎａｎａｃｏのオートチャージが可能なクレジットカードは、セブンカードとセブンカードプラス。セブンカードプラスを使ってチャージすると０・５％のｎａｎａｃｏポイントがつく。さらにｎａｎａｃｏで買い物すると１％のポイントがつくので、合計すると１・５％になってお得だ。

電子マネー競争は、いよいよキャッシュレスの目玉サービスのオートチャージをめぐって熾烈《しれつ》になってきた。

クレジットカードと電子マネーの似て非なる関係

クレジットカードと電子マネーは似ているようで基本的なところで大きな違いがある。

クレジットカードはキャッシュレス化の先駆者であり、キャッシュレス時代を準備したという点では評価できるものの、ネット対応などの点で、電子マネーに決定的に後れを取っている。

日本ではソニーの非接触ＩＣ技術のフェリカを基に数々の電子マネーがつくられた。楽天ＥｄｙとＳｕｉｃａは、鉄道の改札や店舗のレジで素早い決済処理能力を見せて多くの人々から喝采を浴びる。流通系電子マネーの切り札として登場したｎａｎａｃｏとＷＡＯＮは多くの主婦の支持を得た。

クレジットカードがプラスチックカードと専用回線、国際ブランドなど一昔前の技術・仕組みを使ってつくられているのに対して、電子マネーはインターネットと結びつき、スマートフォンをはじめとするアップル、グーグル、アマゾンといった巨大ＩＴ企業が生み出す最新技術に支えられて伸びてきている。

日本人の消費行動を大きく変えたスマホ

１９９０年代後半から２０００年代にかけて急速に普及したインターネットは、前述したように個人の消費行動を大きく変えた。

人々は外に出て買い物するのをやめ、家の中でパソコンを使って買い物をするようになった。ＥコマースサイトにアクセスしてI気に入った商品を最も安い価格で購入するまであきらめなかった。その結果、ネットショッピングの取扱高が急伸して、アマゾン、楽天、ヤフーなどＩＴ企業の存在感が高まった。

その後、スマホが普及してくると、穴ごもりをしていた人たちがスマホを持って街に出て、どんどん買い物を始めた。しかし買い物の仕方が変わってしまった。

店に行って商品の前で値段を確認するところまでは同じだが、次にスマホを取り出して比較サイトで値段を比べ、その店より安いオンラインショップを探しだすと、そこですぐに買ってしまう(これをショールーミングという)。

こんな買い方をされたのではリアルな店舗はたまったものではない。当然、大きな打撃を受ける。しかし、スマホを使ったクーポンやポイント、さらにはSNSのサービスもあり、それらをうまく使えばリアル店舗も集客や売上増につなげることもできるのだから、スマホ客を一律に排除することはもちろんできない。

この大きな変化を利用者側から見てみると、クーポンやポイントのお得が増えることを意味している。これは悪くない話だ。私たち利用者としては、こうした時代の変化に乗り遅れることなく、上手にお得を取る方法を考えていけばいい。

非接触ICカード型スマホ決済

これからキャッシュレスの流れはリアルなカードを使ったものから、スマートフォンを使った「スマホ決済」に確実に移っていく。

スマホ決済は、販売店側にとって手軽な決済手段として強力な援軍でもあるが、私たち消費者にとっても、アプリを使えば、利用履歴から残高まで画面に映して「見える化」でき、お金の管理の徹底を促す決済手段にもなりうる。

電子マネーだけでなく、クレジットカードのポイントとも同じステージでコラボができるので大きな相乗効果が期待でき、より多くのお得が取れる。アプリを使ってさまざまな付帯サービスを得ることもできる。たとえば、クレジットカードの利用で貯めたポイントをスマホ画面上で他のポイントに換えたり、株式に交換することなどだ。

スマホ決済には、非接触ICの電子マネーを端末にかざして使うものと、QRコードを使って決済する2つのタイプがある。以下、それぞれについて紹介していく。

まず、非接触ICのフェリカを搭載したスマホで支払いを行うサービスには、アップルのアップルペイ、グーグルのグーグルペイなどがある。

日本ではすでにSuicaや楽天Edy、nanaco、WAONといった電子マネーやクイックペイ、iDのモバイル、iDのモバイルクレジットカードなど、おサイフケータイとして広く普及しているサービスもある。

いずれもフェリカを搭載したスマホを端末にかざして決済を行う。応答速度が速くセキュリティもしっかりしており、快適な決済を保証してくれる。店舗側から見ると初期導入費用がかかる上に、加盟店手数料も安くはないのが難点。

■アップルペイ

アップルペイとは、アップルが提供する決済サービスのこと。日本では2016年10月にサービス開始。交通乗車券としてだけでなく、買い物にも利用できる。同年発売のiPhone7／7Plus、Apple Watch Series2でアップルペイを通じてSuicaとビューSuicaカードなど一部のクレジットカードが利用できるようになった。非接触ICのフェリカを搭載し、自動改札機にかざせば収納したスイカで通過できるほか、店舗の端末にかざして買い物もできる。

日本で発行されるクレジットカードのうち3分の2以上はiPhoneに情報を登録して利用することができる。対応する電子マネーはSuica、iD、クイックペイ。

■グーグルペイ

グーグルペイはグーグルが世界で広めているアンドロイドのスマホを使った決済手

段。世界では続々と開始されているが、日本では楽天Ｅｄｙに対応してサービスを開始（２０１６年12月13日）。２０１７年にはｎａｎａｃｏにも対応した。さらに、２０１８年5月にはＳｕｉｃａとＷＡＯＮにも対応して使い勝手がグンとよくなった。また、ポイントサービスとしては、Ｔポイント、ｄポイント、楽天ポイント、マツキヨポイント、ドトールポイントと連携している。それらをアプリで管理するシテスムで、履歴やポイントの残高が確認でき、チャージもできる。

まだ、クレジットカードを登録して買い物ができるようにはなっていないが、それも近々可能になるだろう。おサイフケータイの進化形だが、今後の発展が大いに気になる。

■Ｖｉｓａペイウェーブ

国際ブランドのＶＩＳＡが提供する決済サービス。こちらは買い物専用。非接触ＩＣを使うのはアップルペイと同じだが、アップルペイが日本独自のフェリカを採用しているのに対して、ＶＩＳＡは、世界標準タイプＡ／Ｂが使われていて、世界各国で利用できる。東京オリンピックに来る外国人の多くがこの規格のクレジットカードを使っているため、店側の端末もそれに応じたものが必要とされるが、まだ数が少ない（２０１８年5月現在）。

中国で生まれたＱＲコード型スマホ決済

スマホ決済のもうひとつのタイプが、中国で爆発的に普及したＱＲコードを使ったものだ。屋台のような小さな店舗でもスマホがあれば簡単に支払いができるようになった。日本では中国からの観光客を対象に、中国で開発されたこのタイプのスマホ決済が使われるようになった。その後、手軽さが受けて、日本オリジナルのサービスが登場している。

■楽天ペイ

楽天ペイは楽天の決済ツール全体の呼称であるが、単独でＱＲコードを読み取るときの機能を指すこともある。スマホアプリで表示させたバーコードやＱＲコードを店の人がスキャンしたり、店のＱＲコードをスマホでスキャンして決済する。楽天ＩＤに登録してクレジットカードで代金を支払う。ポイントは楽天スーパーポイントが０・５％つく。加盟店はローソン、ＡＯＫＩ、ワタミグループ、チムニーグループ（はなの舞）など。

■ＬＩＮＥペイ
アプリを開くとＱＲコードが表れ、それを店の人がスキャンして決済。代金は銀行口座（メガバンク、ゆうちょ銀行、地銀）に事前に入金しておいたお金から引き落とされる。ポイントは利用実績に応じて４つのランクがあって最大２％のポイントがつく。もともとメッセージアプリなので会員同士なら送金もできるし割り勘機能もある。セブン銀行のＡＴＭやファミリーマートのファミポートからは現金でチャージもできる。銀行口座を持っていればオートチャージも可能。加盟店はローソン、ツルハドラッグ、ココカラファインなど。

■オリガミペイ
スマホアプリで店が用意するＱＲコードをスキャンして決済する。代金は紐づけたクレジットカードから支払う（銀行口座からは、みずほ、三井住友、大垣共立など）。ポイントではなく最大２％の割引を受けられるのが大きな特徴。加盟店はケンタッキーフライドチキン、ワタミグループなど。さまざまなお得が得られるキャンペーンを行っており、プッシュ型（ユーザーが操作しなくても自動的に受信する仕組み）のメールで知らせてくれる。

■d払い

ｄポイント加盟店を中心に２０１８年4月からスタート。スマホアプリで表示させたバーコードやＱＲコードを店側がスキャン。ＮＴＴドコモを利用していなくても利用できる。決済方法は、ドコモ電話料金合算払いか、クレジットカード（ＶＩＳＡ、マスターカードブランド）、ドコモ口座。ポイントはｄポイントが０・５％つく。加盟店は、マツモトキヨシ、ローソン、髙島屋、ウエルシア、ツルハドラッグなど。

■アリペイ

中国のＩＴ企業集団「アリババグループ」が提供する、中国最大規模のオンライン決済サービスで、近年急激に普及している。アリペイに登録した銀行口座（中国国内の銀行）からチャージすることで利用できる。店のレジ付近にアリペイ決済用のＱＲコードをボードなどで提示してあるので、スマホでＱＲコードを読み取れば決済完了。一方、スマホに表示させたバーコード、ＱＲコードを店の人がスキャンして決済する方法もある。これはいままでは日本のスマホ決済で普通に使われるようになった方法だが、その元祖はここにある。日本版はまだ出ていない（2018年6月現在）。

アリペイの強みは独自のサービスがたくさんあることだ。相手の携帯電話の番号さえわかれば簡単に送金できること、金額を設定すると友人・知人との間で割り勘にできることなどだ。預金サービスも魅力的だ。一定金額を預けておけば、ネットショッピングを利用するときにすぐに使えるし、ほかの銀行への振り込みも可能。預金の利息も高く使い勝手のいいサービスとなっている。

登録している中国国内の銀行のネットバンキング機能を活用することで、即時にチャージが完了するのも大きな特徴。チャージしたお金は、アリペイの残高を登録している中国国内の銀行口座へ戻して現金化することも可能だが、この手数料も原則無料。スマホ決済のお手本ともいえる充実したサービス内容だ。

■ウィーチャットペイ

中国のテンセントがウィーチャットブランドのもとで提供する電子決済サービス。アリババが提供するアリペイと並んで中国における電子決済サービス大手として知られる。メッセージアプリに付属した決済サービスで、割り勘や送金など個人間のお金のやりとりに使うと便利だ（こちらも日本版はまだ出ていない）。

スマホ決済の2つのタイプのうち、最近勢いを増しているのがQRコードを使うスマホ決済である。人気の理由は、ほとんど初期費用がかからず、加盟店手数料も安いためで、店舗が積極的に導入しようとしているからだ。

これまで非接触ICを使ったスマホ決済に力を入れてきた楽天やドコモ、アップルなども、QRコードタイプも手がけて市場を膨らませようとしている。

自分に合った「クレカ＋電子マネー＋ポイントカード」組み合わせ例

このようにたくさんのスマホ決済が登場してきたことで、クレジットカードや電子マネーの選び方も大きく変わり始めた。

非接触ICを使ったスマホ決済なら従来のクレジットカード中心の選び方でもよいが、QRコード方式はクレジットカードを持っていなくても簡単に決済ができる。そのため誰でも持てる決済ツールとして根づく可能性がある。

だからといって、これまでのカード選びのノウハウがまったく不要になったのかというとそうではない。

「スマホ決済以前」のクレジットカードライフでは、メインとサブで2枚選んで使うのが一番お得といわれてきた。自分のライフスタイルに合ったメインカードを使ってポイントを貯め、サブカードはメインでこぼれるところで使うというものだ。しかし、「スマホ決済以後」は、クレジットカード（クレカ）＋電子マネー＋ポイントカード（アプリ）の3点セットで選ぶのがよい。この3枚の相乗効果を最大限得られるようにするのがコツだ。

そう考えると、リアルなカード決済からスマホ決済に変わってもカード選びの基本は変わらず、その核心は、いかに相乗効果を得るかということだ。

ここでひとつ強調しておきたいことがある。スマホ決済時代に入ったからといって、クレジットカード、電子マネー、ポイントカードなどをすべてスマホに入れなければならない、という先入観を持ってしまっている人がいるが、そんなことはない。

クレジットカードが登録できないスマホもあるから、そんなときはこれまでと同じようにリアルなカードのかたちで持つ。チャージで電子マネーと紐づけるようにするか、それがダメでもスマホのアプリと連携して使うという手もある。たとえば、Ｓｕｉｃａを入れたスマホなら、乗換案内アプリと一緒に使って、運賃の安いルートを選ぶとか、スマホの位置情報システムを利用して、クーポンの使える店を探すといったことだ。

以上のことを頭に入れた上で、これからのカードの選び方を具体的に考えていこう。電車利用、通信、買い物の3つのいずれのシーンを重視するかによって、カードの選び方も変わってくる。ここではそれぞれのシーンごとに3つの組み合わせ例を紹介する。

■電車利用重視派には
「JRE CARD」+「Suica」+「エポスカード」→アップルペイ

電車移動を中心に考える人にオススメなのが、交通系カードだ。電車移動でポイントを貯めて、電子マネーに換えて、それをまた移動や買い物に使えるからだ。

なかでも、電車移動のサラリーマンにオススメはSuica対応のアップルペイだ。アップルペイはアップルがご指名のSuica仕様だから持たないと損する。それぐらいのメリットがある。東日本エリア以外の人でも、Suicaは相互利用で電車に乗れるし、コンビニなら全国で使えるから、それほどエリアに制約されることもない。

それをベースに3点セットを決めていく。まずSuicaにチャージできるクレジットカードを選びたい。チャージでポイントが3倍つくカードならベスト。オートチャージ機能もつけたいところ。こうなると候補は絞られる。

チャージでポイント3倍なのはビューカード系だけだが、オートチャージ機能は全部つくわけではなく、ビューカードとJRE CARD、大人の休日倶楽部カードなどに限られる。私は迷わずJRE CARDをオススメする。JR東日本のターミナル駅で買い物すると、業界ナンバーワンの高還元で、3・5％のポイントが貯まる。このカードをアップルペイに入れて、電子マネーはSuicaにする。サブのクレジットカードも入るから割引特典のあるエポスカードを入れてもいいだろう。なお、さまざまなポイントカードがアプリとなってスマホに入るようになったので、共通ポイントなどは利用機会が多いだろうから、好きなものを選んで入れておくとよい。

■通信重視派には「auWALLET（ウォレット）ゴールドカード」＋「auWALLETカード」＋「じぶん銀行アプリ」

通信、つまりスマホ利用を中心に考える人にオススメなのが、通信系カードだ。高還元率であることに加えて、ポイントを携帯料金に使えるからだ。

なかでもａｕ利用者にはオススメのセットがある。クレジットカードはａｕウォレットゴールドカード、電子マネー（プリペイドカード）はａｕウォレットカード、アプリはじぶん銀行のアプリの３点セットだ。特筆すべきは、ゴールドカードのスペックの凄さ。毎月の通話料金を払うと10％のポイントをもらえ、さらに基本ポイントの１％が追加されて計11％の高い還元率となる。これなら寝ていてもポイント長者になれるというレベル。しかもライバルのドコモもゴールドカードで10％と高還元なのだが、それより高いので、キャリア関連では最高レベルの高還元カードだ。

さらにａｕウォレットとのコラボも楽しめる。クレジットカードとａｕウォレットカードで使った合計金額はじぶん銀行アプリで確認できるし、アプリ自体もさまざまなサービスがあって三位一体で使うとそのよさがはっきりわかる。

■買い物重視派には

「楽天Ｅｄｙ」＋「ｎａｎａｃｏ」＋「楽天カード」＋「セブンカードプラス」

買い物を重視する人にオススメは、流通系カードを中心にした組み合わせだ。その企業グループの経済圏の中で使えば高還元が期待できるからだ。ここでは、楽天経済圏とセブン経済圏で貯めて得するプランを立てた。

アンドロイドのグーグルペイでは、ｎａｎａｃｏ、楽天Ｅｄｙが使える。ｎａｎａｃｏにはセブンカードプラスを紐づけて、オートチャージでお金を補填するようにし、楽天Ｅｄｙには楽天カードで同じようにしておく。ほかにポイントカードは、Ｔポイント、楽天スーパーポイント、マツキヨポイント、ドトールポイントなどを入れることができる。いろいろな店でポイントを貯めている人にとってはポイントと電子マネーを一括管理できるので非常に便利。チャージはクレジットカードからできる。ただし、グーグルペイではまだクレジットカードがスマホには入らないので、別途カードのかたちで持つことになる。

知っておきたい、スマホの紛失・盗難への備え

この章の最後に、セキュリティ対策について言及しておこう。

スマホにクレジットカードを登録することの一番の心配は、スマホを紛失したり、盗まれたりして、不正利用されることだろう。

スマホに入ったクレジットカードの不正利用に関しては、たとえばアップルペイなら、原則として決済時にｉＰｈｏｎｅの指紋認証が求められるので、悪用される恐れはそもそ

も低い。グーグルペイでも、端末自体にカード情報が記録されないなど、さまざまなセキュリティ対策が取られている。

また、なくしたスマホの電源が入っていれば、ｉＰｈｏｎｅなら「ｉＰｈｏｎｅを探す」、アンドロイドスマホなら「端末を探す」機能を利用して、ほかのスマホやパソコンから紛失したスマホがある場所を探し出すことができる。探し出すだけでなく、機種によって電子マネーの使用を一時的に止めたり、スマホをロックしたり、データを削除することも可能だ。

電源が入っていなかったとしても、各キャリアが「ケータイお探しサービス」（ＮＴＴドコモ）、「位置検索サポート」（ａｕ）、「紛失ケータイ捜索サービス」（ソフトバンク）などのサービスを提供しているので、これを活用すればいい。

このように事前に対応する術《すべ》を知っておけば、いたずらに恐れることはなくなる。そのためにも、イザというときに備えて、手持ちのスマホでのやり方を確認・把握しておくとともに、メモにしておいて、クレジットカード会社の盗難・紛失窓口の連絡先とともに携帯するとより安心だ。ただし、スマホやカードとは別に持っておくことはいうまでもない。

第7章

フィンテックが切り開くキャッシュレスの新地平

フィンテックが生み出す4つの新サービス

ここまで見てきたように、電子マネーやスマホがキャッシュレスの新しい地平を切り開いてきた。今後はフィンテックによってキャッシュレス化の動きは一段と加速するだろう。

フィンテック（FinTech）は金融（Finance）とテクノロジー（Technology）の融合であり、高度なテクノロジーを使って金融の仕組みをアップデートしようという試みだ。

金融とテクノロジーの2つは極めて親和性が高い。なぜなら、お金は数字だから一番デジタル化しやすい。デジタルデータがあれば実際に紙幣や硬貨というモノがなくても一向にかまわない。

そう考えると、デジタル・テクノロジー、あるいはインフォメーション・テクノロジー（Information Technology＝IT＝情報技術）が進歩すればするほど金融と結びついて、キャッシュレス化を促すのは必然だということになる。

しかも、いまフィンテックの進展は国際的な大きな流れであり、日本の国家戦略の要のひとつになっている。そうした背景があって、フィンテックから新しいサービスが次々と生まれている。

フィンテックと聞いて、なんだかよくわからない、自分とは関係ないものと考える人がいるかもしれないが、それは間違いだ。フィンテックは私たちの暮らしに直接関わってくるからだ。この章では、私たちに比較的身近な次のようなフィンテックの具体例について順を追って見ていく。

①スマホ（モバイル）決済サービス、送金サービス
②仮想通貨（ブロックチェーン）
③資産管理・家計簿アプリ
④融資（レンディング）

QRコード型決済の魅力と問題点

まず①のスマホ決済サービスだが、これまで述べてきたように日本ではモバイル決済の原型ともいえる「おサイフケータイ」があって、電子マネーやポイントが使えた。いまではスマホを使ったさまざまな決済サービスがある。

なかでもアップルペイの上陸はセンセーショナルに伝えられたために、覚えている方も多いだろう。このアップルペイ以上にいま小売り店やサービス業の関心が高いのが、中国

のアリペイに代表されるQRコードを読み取るタイプのスマホ決済サービスだ。

QRコード決済には、買い物する側ではなく店側、つまりモノを売ったりサービスを提供する側がとりわけ大きな関心を寄せている。前述したように、初期費用や維持費がほとんどかからないからだ。これは店側にとって大きなメリットだ。

消費者の側から見ても、いかにシンプルに買い物をするかという点では、QRコードを使ったスマホ決済サービスは、いまのところ理想の決済ツールといえる。

ただし、QRコードやバーコードの課題はセキュリティ対策にあるだろう。非接触IC型のスマホ決済の場合、ICチップと端末機が問題になるが、それらには不正ができないよう万全のセキュリティ対策がなされている。セキュリティに対してかけているお金が違うのだ。それに対して、QRコードの紙片を店先に掲げて商売している屋台の場合は、セキュリティ面では貧弱といわれても仕方ない。

中国では、店頭のQRコードが偽造したものに差し換えられ、そのQRコードを撮影したお客のデータが犯罪者の元に送られ、不正に利用されたという事件が起きている。こうした犯罪を防ぐセキュリティ対策が今後の課題だ。

注目を集める仮想通貨とブロックチェーン

フィンテックの具体例として最も注目を集めているのが、②の仮想通貨・ブロックチェーンだろう。

仮想通貨は、1000円札や100円硬貨のようなモノではなく、インターネット上でやりとりされる暗号化された電子データであり（海外では仮想通貨を「暗号通貨（crypto currency）」と呼んでいる）、円やドルなどの法定通貨（信用貨幣）と違って、日本やアメリカといった国がその価値を保証し、信用を担保して、各国の中央銀行が発行・管理しているわけではない。

逆にいうと、仮想通貨は国の規制や統制を受けない自由な通貨であることが大きな魅力になっている。仮想通貨を使えば銀行などの金融機関を通さずに低コストで、世界中で自由に決済や送金を行うことができるのだ。

それを可能にしているのがブロックチェーンという仕組みだ。ブロックチェーンは「サトシ・ナカモト」と名乗る人物が考案し、2008年にインターネット上に発表した論文をもとにつくられた。この仕組みを使って、仮想通貨の取引が2009年から始まった。

世界中から集まってくる仮想通貨の取引データは、一定量貯まるとファイルのような一つの塊（ブロック）として、順番通りにまとめられる（チェーン）。そこで、この一連の流れをブロックチェーンというわけだ（日本では「分散型管理台帳」と呼ぶ）。

取引データはすべて「仮想通貨の運営に参加している人（運営参加者）」が、間違っていないかどうかをチェックし、コピーをそれぞれのコンピュータに保管する。複数の参加者によって確認作業が行われ、常時監視されているため、データの改竄《かいざん》や消去などの不正を行うことはできないといわれている。このことが通貨としての信用を担保している。

決済手段ではなく投機商品

仮想通貨を2018年1月に起きた「コインチェック事件」で初めて知ったという人も多いだろう。この事件は、仮想通貨のひとつ「NEM《ネム》」580億円分が、仮想通貨取引所のコインチェックの管理が杜撰《ずさん》だったために不正流出してしまったというもの。つまり、巨額の投資資金がハッカーによって盗み取られてしまったのだ。

実は、代表的な仮想通貨であるビットコインが2017年の1年間で20倍以上に急騰し、年初には10万円ほどだったものが年末のピーク時には220万円で取引されるようになった。NEMにいたっては、なんと200倍にもなった。仮想通貨全体の時価総額は一時

90兆円にも達している。急騰どころか爆騰とさえいっていい高騰ぶりだ。

この〝仮想通貨バブル〟によって仮想通貨に投資していた人の含み資産が激増。日本円にして数億円相当の仮想通貨を保有する〝仮想通貨成金〟が続出した。

インターネット広告事業を行うサイバーエージェントの子会社「新R25総研」は2018年3月に、仮想通貨に関するインターネットによるアンケート調査を行っている。

それによると、調査対象である25歳～30代のビジネスマンの13・5％が仮想通貨を保有・運用しているという結果になった。仮想通貨を持っていると答えた人のうち、「投資のために」保有していると答えた人の割合は92・7％、「決済や送金が便利だから」と答えた人は27・7％だった。また、初めて仮想通貨を買った時期はいつか、という問いに対しては、約8割の人が「2017年以降」と答えている。

このアンケートからわかるのは、仮想通貨が決済手段ではなく、一獲千金を夢見る若手ビジネスマンの投機の対象になっていることだ。

メガバンクが開発を急ぐデジタル通貨

こうした仮想通貨ブームを大きなビジネスチャンスととらえ、ＩＴ企業やネット証券の参入が相次いでいる。一方で、匿名性の高い仮想通貨がマネーロンダリング（資金洗浄）や国際テロ組織への資金供与に利用されていることが国際社会で懸念されており、各国で規制が強化されつつある。

現在の金融や決済の中心的役割を担っている銀行もまた、国際社会とは別の危機感から、仮想通貨への対応を模索している。仮想通貨が決済や送金手段として普及すれば、銀行は不要となり、その存在すら危うくなるからだ。

そこで、メガバンク3行はそれぞれ次のようなかたちでデジタル通貨の開発を進めている。デジタル通貨は参加者が限定され、特定の管理者がいるので、仮想通貨とは似て非なるものだが、ブロックチェーンが使われている点は共通している（みずほ銀行のＪコインはブロックチェーンではないが）。

みずほ銀行は、２０１７年９月にゆうちょ銀行や地銀を糾合してデジタル通貨「Ｊコイン」を発行する構想を明らかにしている。Ｊコインはブロックチェーン技術を使わない電子マネーであり仮想通貨ではない。スマホでＱＲコードを読み取るタイプでアリペイタイプのモバイル決済のためのデジタル通貨であり、クレジットカードに比べて加盟店の手数料を低くして普及を図る意向だ。

三菱ＵＦＪ銀行は「ＭＵＦＧコイン」の発行を検討している。こちらはブロックチェーン技術を使った仮想通貨だが、Ｊコイン、ＭＵＦＧコインともに1コイン＝1円で〝レート〟を固定する。この点が法定通貨との取引価格を固定させていないビットコインなどの仮想通貨とは異なり、電子マネーに近いデジタル通貨という呼び方が適切だ。

三井住友銀行を含めたメガバンク3行が、ＱＲコードを使ったデジタル通貨のスマホ決済サービスの規格を統一して開発を進めることで合意したという報道もある。

メガバンクがデジタル通貨の発行を行う最大の目的は、決済の主導権の確保にある。決済に使われたデジタル通貨は銀行の口座から直接引き落とされる。夕陽が差し込んできた銀行業界で、徐々に大きくなるスマホ決済サービスのプラットフォームを自ら新たに構築して、これまでのように金融の中心であり続けようとしている。

楽天コインが目指すのは〝世界共通ポイント〟？

メガバンクだけでなく、2018年2月に楽天の三木谷浩史会長兼社長がブロックチェーン技術を使った「楽天コイン」構想を明らかにしている。

メガバンクがつくろうとしているデジタル通貨は、1コイン＝1円ありきの考え方。それに近いのが楽天コインで、楽天スーパーポイントを仲介して法定通貨である円に替えられるという仕組みだ。楽天コインは、企業内通貨であるという点で、これもメガバンクのデジタル通貨と共通している。

楽天の究極の目的は、ブロックチェーン技術を基盤にして楽天スーパーポイントをいわば〝世界共通ポイント〟にすること。楽天コインをつくることによって、楽天経済圏を世界に広げる——そんな野望を抱いているに違いない。

楽天が楽天コインを楽天スーパーポイントと紐づけることに成功すれば、事実上、仮想通貨を投機から決済目的に転換させることになる。グーグルやアップル、アマゾンにもできなかったことだ。

発行時期を含めて詳細はほとんど明らかになっていないが、第4の携帯キャリアとして名乗りを上げた楽天にとって、デジタル通貨もまた経営戦略に欠かせない重要なピースのひとつなのだろう。

私たちの生活を大きく変えうるブロックチェーン

いま、各国政府や金融業界が大きな期待を寄せているブロックチェーン。仮想通貨の特徴である①安全性（データの改竄《かいざん》が困難）と②低コスト（管理者とデータ管理のための巨大サーバーが不要）は、ブロックチェーンだからこそ実現した。

政府には仮想通貨を含めたブロックチェーンという技術革新によって社会全体にかかるコストを削減したいという思惑がある。企業はバスに乗り遅れてはいけない、あるいは生き残りをかけるという思いで、新技術を取り込んだビジネスを展開しようとしている。

安定した価格で決済や送金に使えるようになった仮想通貨やデジタル通貨が登場すれば、金融システム全体の効率化が進み、いまより安全に低コストで決済や送金などの金融取引が可能になる。

それだけではない。ブロックチェーンは、金融だけではなく土地の登記簿や食品のトレーサビリティ（流通）、部品や文書管理などにも応用できるといわれており、さまざまな分野で期待を集めている。

インターネットがそうだったように、もしブロックチェーンが新しい技術として社会のすみずみまで浸透していけば、私たちの生活は大きく変わる。

もしかしたら、1万円札でもＳｕｉｃａでもなく、デジタル通貨「Ｙｅｎ」で支払いをすませる日が意外に早くやってくるかもしれない。

進化する資産管理・家計簿アプリ

③の資産管理・家計簿アプリは、フィンテックのいわば得意分野だ。

スマートフォンの家計簿アプリには「ザイム（Zaim）」「マネーフォワード」「マネーツリー（Moneytree）」などがある。毎日の支出を手入力したり、レシートを写真で撮って履歴を残すなどして家計簿をつくっていく。主な機能は、銀行口座、クレジットカード、電子マネー、ポイントカードなどのウェブアカウントと連携して情報を収集し、日々のお金の動きを「見える化」していくこと。その結果、家計改善や節約に役立つ家計簿が簡単にできると期待を集めている。

さっそく私もそれぞれのアプリをスマホに入れて使ってみた。アプリ自体は無料でダウンロードできる。しばらく使っているうちに、家計簿アプリには2種類あることに気づいた。

主婦が使う従来の家計簿に近いのがザイム。レシートをカメラで撮影して履歴として残すことができるが、手入力がかなり多いので少々やっかいだ。毎日の支出を細かくつけることができるという点では、正統派の家計簿という感じがする。

それに対してマネーツリーやマネーフォワードは、銀行口座、クレジットカード、電子マネー、ポイントカードとの連携が中心で、カードをよく使う人はこちらのほうが向いているだろう。これらをきちんと連携させておけば、自動的にそれぞれの履歴を集めて、利用者のお金の使い方が即座にわかる仕組みになっている。

毎日の細かな支出というよりは、今期の支出はどこに無駄があったかなどの大きなお金の流れがわかるようになる。どちらかといえば個人事業主に向いているかもしれないが、私はこちらが使いやすいと感じた。

家計簿アプリでカードライフが向上?

だが、それ以上に新しい発見があった。それは、クレジットカードをはじめとするカードライフの新しいサポート役になるだろうという予感である。クレジットカードを研究して30年になるが、痛感しているのが口座残高の管理ができないばかりに、カード履歴に傷をつけている人がたくさんいることだ。

これまで銀行口座の残高を確認し忘れる〝うっかり延滞〟が多かったが、これを家計簿アプリは防いでくれる。口座残高が一定額を下回るとメールで知らせてくれるので、そうしたミスを犯さなくてすむ。

もうひとつよく聞く悩みは、ポイントやマイルの失効である。ポイントを貯めるのに一生懸命で、管理はズボラという人が少なくない。その結果、せっかく貯めたポイントやマイルを無駄にしてしまうことがある。有効期限のチェックが身についていないのだ。家計簿アプリを使えばそんな悔しい思いをしなくてすむ。失効前になると、こちらもメールで知らせてくれるのだ。


（写真3）スマホアプリで「家計の見える化」が

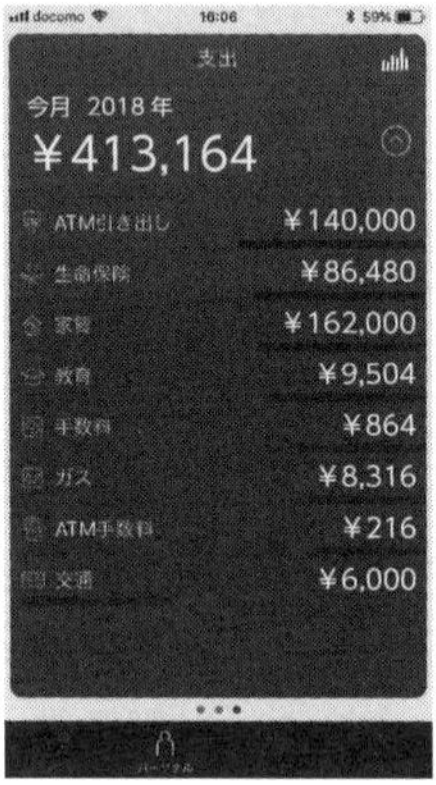

画面は「マネーツリー」
※数字は加工処理をしています

家計簿アプリにも課題はある。銀行やクレジットカード、ポイントカードと連携させるには、ネット会員のＩＤとパスワードが必要となる。それを提供しないと「家計の見える化」を体験することはできない。だが、家計簿運営会社のサービスにアカウント情報を登録することに抵抗がある人はたくさんいるだろう。その情報が漏洩したり、悪用される恐れも皆無ではない。

とはいえ、これらの家計簿アプリがカードライフ向上のためにも便利なことはたしかである。今後、セキュリティはより強化され、サービスも大きく伸びていくだろう。

マネーツリー社はオーストラリア出身のポール・チャップマンが起業したＩＴベンチャー企業で、家計簿アプリだけではなく、後述するＡＰＩを通して全国の銀行やカード会社などの金融機関と連携し、さまざまなサービスを提供している。

そこで、以下ではマネーツリーを中心にしたＡＰＩ、地方銀行の取り組みを紹介する。

ＡＰＩがもたらす銀行とフィンテック企業の連携

銀行は政府・日銀の超低金利政策の影響もあって融資などの貸出金利が低下し、金融商品の販売手数料も減少するなど、収益性が悪化している。否が応でも政府の意向に沿ってフィンテック企業との連携を深めていかざるを得ない。

政府は銀行やクレジットカード会社などとフィンテック企業との連携や協業を推進するという方針のもと、２０１６年と２０１７年の2年連続で銀行法を改正した。

まず、２０１６年の改正では銀行の出資上限を緩和し、フィンテック企業への出資や買収を容易にした。

２０１７年5月の改正では、①電子送金サービス、および②口座管理サービスを「電子決済等代行業」と定義し、これらの事業を行うフィンテック企業を「電子決済等代行業者」として登録させる登録制を導入した。

同時に銀行などの金融機関に対しては、API(Application Programming Interface=アプリケーション・プログラミング・インターフェース)の公開を義務づけた。APIは企業などの内部システムに外部からアクセスしやすくして外部のアプリケーションとのやりとりができるようにするシステムのこと。

APIはフィンテック推進のキーワードで、銀行のシステムにフィンテック企業やクレジットカード会社がアクセスして新しいサービス(フィンテックサービス)を展開できるようにしなさい、ということだ。これによってフィンテック企業は銀行が持っている顧客の口座情報などを活用できることになる。

新しいデビットカードが地銀を救う?

いま、地方銀行の間でブランドデビットカードがちょっとしたブームである。

VISA、JCBの2つの国際ブランドが本格的に参入した2013年ごろからブランドデビットカードを発行する地方銀行が増え始め、現在、その数は30行を超えている。

各行ともリテール戦略の中心に据えており、本業の企業貸し付けでは儲からなくなった地銀にとって、デビットカードが最後の収益源となっているという見方もあながち大げさではない。

とりわけJCBを採用する地銀が増えており、先行するVISAの数を上回ったといわれている。人気の秘密はJCBのポイントサービスであるOki Doki ポイントだ。ポイントサービスを用意していない地銀にとっては、デビット機能だけでなく、全国規模の共通ポイント並みの特典がつくOki Doki ポイントが付与されるので、一石二鳥の魅力がある。

そんな中で、突出した動きを見せているのが福岡銀行だ。福岡銀行のデビットカード「Debit+（デビットプラス）」はJCBデビットがついているだけではなく、地元JR九州の電子マネーSUGOCAや西鉄のnimoca（ニモカ）を搭載して、交通系電子マネーとしても使える。

専用アプリを使って、スマホで買い物データや預金残高などの収支確認ができるのは、フィンテックを取り入れた新しいデビットカードならではだ。

年会費は無料なのに「myCoin」という名前のポイントがつく。アプリを使う利用者には0・5％のポイントがついて、しかも、TポイントやPontaポイントといったほかのポイントと交換もできる。エリア外からの申し込みにも積極的に対応するなど、地域を限定しない動きを見せている。

銀行があなたの資産運用アドバイザーになる日

銀行が情報を公開するだけではなく、フィンテック企業が持つ豊富な情報をデビットカードを発行する地方銀行と共有する。その情報が活用されることで、新しい金融サービスが生まれていく。それがAPIだ。

マネーツリーはMT LINKという大規模なデータベースをつくっており、それを複数の地方銀行に提供している。

マネーツリーを介して利用者の金融情報と地銀のデータが結合することで、利用者の銀行残高やクレジットカード利用履歴、ポイント残高、投資案件、保険の状況などあらゆる金融情報が集約される。

地銀はこのビッグデータを使って利用者の金融情報を把握し分析することで、利用者に最適な金融商品を提供したり資産運用のアドバイスをすることができるようになる。

デビットカードは即時決済であり、その優位性がここで生きてくる。クレジットカードは後払いなので利用金額や収支がすぐにはわからず、口座に反映されるのは早くても1カ月後だ。

これまでの銀行は預けてあるお金をただ引き出すための存在だったが、今後は毎日の金融情報を見ながら最も有効な資産運用を考えるための窓口として機能するようになるかもしれない。

そうしなければ生き残れないことに気づいた銀行が、デビットカードを通して、APIを活用した新しい施策をいち早く実行に移しているのである。

家計簿アプリで家計の「見える化」を実現

私は2018年3月に、マネーツリーの役員A氏とMT LINK担当のB氏にインタビューする機会を得た。キャッシュレスを考える上で参考になるので、ご覧いただきたい。

岩田　家計簿アプリの人気が高まっています。

A氏　マネーツリーのビジネスを始めて5年になりますが、その間の家計簿アプリの進化は目を見張るものがありました。最初は記入式でしたが、銀行口座やクレジットカード、ポイントカードの利用履歴、それに証券口座まで自動的に書き込むことができるようになり、家計の実態をほぼ把握できるようになりました。

岩田　デビットカードとの関連でも家計簿アプリが話題の中心になることが多いですね。

A氏　デビットカードと相性がいいんですよ。というのもデビットカードは即時引き落としで、リアルタイムで支出が確定します。そして、支払いが終わるとすぐにスマホにメールが飛んできて利用金額はいくら、口座残高がいくらと知らせてくれます。これが家計簿作成には非常に向いています。クレジットカードは、1カ月後などにまとめて引き落としになりますからタイムラグがあり、すぐには反映できないのです。スマホがあれば、時系列で利用金額を並べたりグラフに落とし込んだりして、簡単に家計の「見える化」ができます。

岩田　「見える化」で、たとえば、どんなことができますか。

A氏　スマホに家計簿アプリを入れて意識的に暮らすようになると、家計に余裕があることがわかれば、毎月一定額を株の投資に向けることができます。うまくすれば、資産を殖やすこともできるのです。高止まったままの住宅ローンの支払いが生活を圧迫している、低金利のローンへの借り換えが必要だということなどもわかります。このように、「見える化」によって毎日の暮らしの中でのお金の悩みをかなり解決することができるのです。次のステップとしては、集めた個人の金融情報を分析してより高度な解決策を提供するというところまでいきたい。それができるのは取引先の銀行でしょう。

岩田　銀行がそういうことまでできるようになるのですか。

B氏　いままで人々の暮らしの現場で、銀行はあまり大きな役目を果たしていませんでしたが、今後はこの家計簿アプリのようなものを使って得た情報を、銀行が本来行うべき仕事に役立てていくと思います。フィンテックの流れの中で出てきたAPI公開によって、われわれIT事業者の持っているたくさんの情報を銀行と共有し、新しいビジネスが生まれる可能性があります。そうすることで、銀行は本当の意味での地域のフィナンシャルセンターになります。

A氏　私たちは5年前の創業時から準備を始めていました。やっと時代が追いついてきたと考えています。

B氏　そのために私たちはMT LINKという次世代型のプラットフォームを築いており、それを銀行やほかの企業に開放していくつもりです。すでにみずほ銀行や三井住友銀行などには開放しています。こうしたプラットフォームを活用し、さまざまな情報を使ったマーケティング手法を開発していただくことができます。

岩田　個人の金融情報はセンシティブ情報です。それを一企業に預けるとなるとリスクがあると思いますが、どう考えていますか。

A氏　私たちは個人情報のセキュリティにはとくに注意を払っています。ポイント事業者の中には本人の同意なしに個人の金融情報を勝手に広告に使ったり、転売したりしているところがあります。私たちはそうしたことは絶対にしません。個人のプライバシーを尊重するのは私たちの一貫した方針です。

家計簿アプリを使うにはデビットカードというキャッシュレスの決済手段が前提になっている。金融庁が主導するＡＰＩ公開が、キャッシュレス化を後押ししていることがよくわかる。

ここまで進歩した残高照会アプリ

しかし、家計簿アプリのノウハウを活用して、全国的な規模で自行の残高照会アプリを劇的にリニューアルして世に問うたのは、先進的な技術を積極的に導入している地銀のほうではなく、メガバンク系のカード会社、三菱ＵＦＪニコスだった。

マネーツリーと提携している地銀も多くあったが、折からのマイナス金利の影響をモロに受けて、「最初の一歩」を踏み出すのをためらった。その間に、同じくマネーツリーと連携して準備をすすめていたのが三菱ＵＦＪニコスだったのである。

ニコスのアプリ開発の責任者だったＣ氏への取材をもとに、画期的な残高照会アプリ開発の経緯をたどってみると次のようになる。

一般にクレジットカード会社が提供するアプリは、その会社が発行するカードしか管理できないものが多い。

リニューアル前のニコスの残高照会アプリはまさにそのタイプだったが、それでも三菱ＵＦＪ銀行、三井住友銀行、みずほ銀行、ゆうちょ銀行の4行の残高照会だけはできた。そのため一部会員からは「便利で使いやすい」という声もあったほどだ。

しかし、Ｃ氏は決して満足していなかった。「地銀を入れてもっとサービスを広げないと支持は得られない」と考えていた。

実際、２０１５年当時、Ｃ氏は他社との情報共有の問題で深刻に悩んでいた。本業のクレジットカードでも、自社のカードだけを持っている人は限られていた。ほとんどが他社のクレジットカードを2、3枚は持っている。さらにポイントカードや電子マネー、デビットカードなどもあるので「一人平均6、7枚は持っている」という調査結果も出ていた。

「そういう人なら必ず他社カードの利用履歴も見たいと思うに違いありません。それなのにいつまでも自社中心でやっていていいのか、大いに悩んだのですが当時はまだ技術がなくてどうにもなりませんでした」とC氏は当時を述べている。

C氏はある日、複数のカードや銀行口座を一元管理できるという無料の家計簿アプリがあることを知った。そして、そうしたアプリをつくることができる企業とコラボできれば、いいものが生まれるかもしれない。そう直感した。

C氏とスタッフは、家計簿アプリについて勉強するとともにAPIについても学んでいった。そして、いくつかの事業者を回りパートナーとなり得る相手を探した。最後に選んだのが100の項目をクリアしたマネーツリーだった。「セキュリティ上問題がある場合は、できないものはできないと、はっきりいってくれるところを評価した」とC氏は述べているが、マネーツリーは実力企業だった。マネーツリーは基幹技術となるMT LINKを提供しており、会計・金融業界で最多の金融系API連携数を誇っていたので、相手としては申し分なかった。

こうしてよきパートナーを得た三菱UFJニコスは、2017年にマネーツリーと契約を交わし、残高照会アプリのリニューアルに取りかかった。

そして、2018年3月に「三菱UFJニコス 請求額・ポイント残高かんたん確認アプリ」が誕生した。その新しいアプリにはこれまでにない斬新な機能がたくさん搭載されていた。

まず、すでに述べたように同社のMUFGカード、DCカード、NICOSカードだけでなく、他社のカードであっても利用明細がわかるようになったことである。その結果、自分の手持ちのクレジットカード、電子マネー、ポイントなど、すべての取引を把握して、家計管理が行えるようになった。

さらに銀行口座、証券口座の残高や利用明細も閲覧できるし、カレンダー機能も搭載しており、複数のクレジットカードの利用日と引き落とし日を明示してくれるので、自分のカードライフをしっかり把握することができる。2018年4月時点で累計ダウンロード数は130万を超えている。

クレジットカードやデビットカードなど、マネーカードを活用するなら、ポイントをしっかり貯めて、賢く活用したい。自分のライフスタイルにマッチした、カード選びの新常識のひとつとして、こうした新しいアプリをぜひ参考にしてほしい。

フィンテック＋ＡＩによる融資システムの登場

最後に、④融資（レンディング）サービスの具体例を見てみよう。

第3章で、中国で社会現象にまでなっているゴマ信用を紹介したが、クレジットスコアに注目したのはアリババや中国政府だけではなかった。なんと日本でもゴマ信用そっくりの、というか、ゴマ信用に個人融資機能を加えた新しいサービス「ジェイスコア（Ｊ・Ｓｃｏｒｅ）」が２０１７年9月から始まっているのだ。

ジェイスコアはフィンテック導入に積極的なみずほ銀行とソフトバンクの合弁会社Ｊ．Ｓｃｏｒｅが提供する「日本初のフィンテックサービス」で、ＡＩすなわち人工知能を使って個人の返済能力を診断し融資を決定する。

ソフトバンクはアリババの大株主で、孫正義社長はソフトバンクを立ち上げる前からアメリカに渡って、彼《か》の地の若きベンチャー起業家と交流を重ねてきた。アメリカで暮らす中で、クレジットスコア社会のアメリカの姿を目の当たりにしてきたはずだ。

日本でもクレジットスコアを取り入れた新たなサービスを事業化したいと考えていたとしても何ら不思議ではない。

しかもソフトバンクは携帯キャリアであり、そのための割賦販売会社でもある。条件はそろっている。

それはさておき、新サービスの内容はというと、次のようになる。

まずスマホでジェイスコアのサイトにアクセスしてメンバー登録する。これはメールアドレスとパスワードを入力するだけ。登録がすんだら自分の性格や趣味嗜好、人脈などを質問に答えるかたちで入力していく。それが「ＡＩスコア」、つまり点数化され、融資の条件が提示されるという仕組みだ。

みずほ銀行やソフトバンクとの取引情報など、入力（提供）する情報が多ければ多いほど点数が高くなる。そして、点数に応じて金利が優遇されたり融資額が増えたりするという。個人情報を点数化するまではゴマ信用とほぼ同じだ。そこに金融をつけ加えたことになる。

これまでの個人向けローンと違って、返済能力や信用力などの与信をクレジットカード業界の審査機関ではなく、ビッグデータをもとにＡＩが行うところがフィンテックたるゆえんだ（ただし、ジェイスコア社はクレジットカード会社の共同出資によって設立された民間の信用情報機関CICの会員企業になっており、情報機関を通して個人情報の収集は可能）。

ちなみに、融資の対象となるのは20歳から70歳までの日本に住んでいる人で、「安定かつ継続して収入の見込める方」となっている。

AIが一番得意なのがさまざまなデータをもとにした数値分析。「あなたは〇〇点なので、いくらまで借りられます」「あなたは〇〇点なので、これだけしか借りられません」というように、AIによって返済能力が判断される時代になったのである。

ソフトバンクが融資サービスに参入した狙い

スマホを買うときにほとんどの人が割賦販売を利用する。この割賦情報はすべて信用情報機関に入る。

学生のスマホユーザーがそれを知らずに延滞を繰り返すとどうなるか。延滞3回以上で自動的にブラックリストに載る。それがいま急増しているといわれる。自己破産のデータに表れていて、大きな社会問題となりつつある。

携帯キャリアは新規の利用者は減らしたくないし、債権の焦げつきも増やしたくない。ブラックリストに載るのは〝うっかり延滞〟のケースも多い。そこでドコモ、ａｕ、ソフトバンクの大手3社は、できるだけ延滞が少なくなるような仕組みにしている。

支払い期日に引き落とせなくても、翌日、さらに翌々日にと、毎月10日が引き落とし日なのに30日まで引き落とし日を延ばして返済の猶予とチャンスを与え、履歴が汚れないようにする。

ソフトバンクは改正割賦販売法によって、金融事業社となったために信用情報機関のメンバーでもある。そのため顧客の信用情報を収集・閲覧はできる。今後はその情報を含めて、レンディングサービスで得られる情報も含めて、与信の精度を上げていく予定だ。

日本にはいくつかの信用機関があるが、アメリカなどと違って集めた個人情報を売らない。信用情報機関が持っている個人情報は精度の高い日本版クレジットスコアだから、それが手に入ればかなり正確な格付けができる。ソフトバンクはその足掛かりをつかんだことになる。

広がるサービス格差に取り残されないために

いかがだろうか。この章では、フィンテックがもたらすビジネスや暮らしのさまざま変化について見てきた。フィンテックが、キャッシュレスを加速させることは間違いない。

日本でクレジットカードが登場したのは１９６０年で、それ以降、技術の進歩とともに現金主導の社会がキャッシュレス化に向かって進み始めたわけだが、それから約60年経った。ところが、いまだに現金が岩盤のようにキャッシュレス化の行く手を遮っている。

その間に、プリペイドカード、電子マネー、デビットカードと次々と新しいキャッシュレスの決済手段として岩盤に挑戦していったけれども、そのたびに跳ね返されている。

しかし、インターネットとスマートフォンが広く普及し、フィンテックが加わることによって、その硬い岩盤にヒビが入って、やっと小さな穴があき始めた。

さらにここにきて、中国のアリペイやウィーチャットペイというＱＲコードを使うスマホ決済ツールで大きな穴があくかもしれない。現金全盛だった日本の社会もいよいよこれから急速にキャッシュレス化が進んでいくことになるだろう。

そして最終的にはアマゾンのコンビニのように、ふらりと入った店で好きな商品を手に取って何もせずに外に出ていくようになる。それがキャッシュレスの究極の姿であり、日本でもこんな光景が近いうちに見られるようになるかもしれない。

ツイッターを発明し、スクエアを開発したジャック・ドーシーがいったように、make business easy、つまり取引は簡単であればあるほどよいのであって、何もしなくてよいのが人間にとっての理想だ。買い物の現実も徐々にそのレベルに近づいている。

私たち消費者は、ポイントや時短（決済にかかる時間の短縮など）、ストレスフリーなどのメリットがあるからこそキャッシュレス化を受け入れ、新しい仕組みを利用してきた。私たちはこれからもその恩恵を貪欲に求めていくに違いない。

そして、キャッシュレス化という社会の変化に敏感な人たちはどんどん先を走って多くのメリットを享受し、豊かになっていくだろう。逆に、この大きな流れに乗り遅れた人たちは取り残され、負の連鎖を背負い込み、損する局面が多くなってしまうだろう。両者の間にはいつの間にか大きな格差が生まれてしまうかもしれないのだ。

いよいよ本格化したキャッシュレス社会に早めに積極的に参加し、クレジットカード、デビットカード、電子マネー、スマホ決済を使ったスマートな買い物、消費を心がける。それこそが、小さなことのように思えるかもしれないが、これからの時代を生き抜く上で、大きなアドバンテージになるはずだ。

たかがカード、されどカードなのだ。まずこのことをしっかり自覚し、機敏さと勇気を持ってキャッシュレス社会の第一歩を踏み出してほしい。

エピローグ

2020年のキャッシュレス革命とその後

キャッシュレス決済比率80%を目指す日本

世界に比べてキャッシュレス化が遅れていることへの日本政府の危機感は相当強かったようで、2018年4月、経済産業省は「キャッシュレス・ビジョン」を発表し、あらためてキャッシュレス推進のためのガイドラインを明らかにした。

それによると、2017年に「未来投資戦略」で設定した「今後10年間（2027年6月まで）に、キャッシュレス決済比率を倍増し、4割程度とすることを目指す」（キャッシュレス決済比率40%達成）としていた目標を前倒しし、2025年の大阪・関西万博誘致に向けて、より高い決済比率の実現を目指すというのだ。

これを「支払い方改革宣言」と命名し、「さらに将来的には、世界最高水準の80%を目指していく」という。そして、この目標実現のために「キャッシュレス推進協議会（仮称）」を立ち上げ、産学官の「オールジャパン」で取り組んでいくという。

具体策としては、消費者に対しては、キャッシュレス支払いの不安感を取り除き、キャッシュレス支払いに対する優遇措置を講じることなどが検討される予定だ。販売店側に対しては、補助金や税制面の優遇などが考えられている。

政府が目標とするキャッシュレス決済比率の実現可能性はともかく、日本人のキャッシュレスに対する意識が変わりつつあることは間違いない。それは最近のさまざまな調査結果にも表れている。

たとえば、2018年4月に楽天銀行が行ったアンケート調査によると、「最も金額の大きい決済手段は何か」という質問に対して、クレジットカードと答えた人が60％で現金の17％を大きく上回っている。「3年前に比べて最も金額の増えた決済手段は何か」という質問に対しても、クレジットカードが一番多く45％、次に多いのが電子マネーやプリペイドカードの15％、3番目がデビットカードで7％となっている。

「今後、ATMを使う機会を減らしたいと思うか」という質問に対しては、46％の人がそう思うと答えている（思わないと答えた人は20％）。楽天銀行に口座を持っている人が調査対象という点を差し引いても、現金離れの意識が強まっていることがわかる。

キャッシュレス化の次なる潮流

さらに世界では、キャッシュレス化のさらなる新しい流れが生まれている。アメリカで広まっているApple Pay Cash（アップルペイ・キャッシュ）はその一例だろう。

アップルペイのユーザー同士であれば、お金の送金がすぐにできるという便利なサービスで、送金だけでなく、レストランなどで割り勘払いも簡単にできる。いま、アメリカの大学生などに大変人気のようだ。

このアップルペイ・キャッシュが遠からず日本にも入ってくる。送金や割り勘といった機能が多くの人に人気となるだろうが、こういった送金ツールがやがてはクレジットカードの強力なライバルになる可能性があることはあまり知られていない。

というのも、商品を購入したときの支払いに、アップルペイの加盟店ならクレジットカードを使わずに送金ツールですませることも可能になるからだ。

そうなると、クレジットカードのビジネスモデルはある程度、転換を迫られるだろう。つまり、これまではスマホ決済といってもクレジットカードや電子マネーが必ず紐づいていたが、今後はそうではなくなる。この先はクレジットカードと紐づかない送金サービスの時代になっていくかもしれないからだ。

その一方、2018年5月の「ウォール・ストリート・ジャーナル」の記事によると、アップルは2019年に自らクレジットカードの発行を始めるという。大手投資会社のゴールドマン・サックスと組んでカード会員へのローン貸し出しなどもやる予定だ（あれほど金融事業への参入を警戒していたスティーブ・ジョブズが生きていたらこの動きをどう思うだろうか）。

だが、なぜクレジットカードなのだろうか。ある筋によると、もともと言い出したのはゴールドマン・サックスのほうだという。富裕層中心に顧客を持つゴールドマン・サックスは、以前からクレジットカード事業に関心があり、パートナーを探していた。そこに登場したのがアップルだった。アップルのファンは世界中に広がっているし、その人たちは一様にリテラシーが高く、年収も多い。社会のリーダーになっている人もいる。その意味でも相性は抜群によいとゴールドマン・サックスは見たようだ。

一方のアップルとしても渡りに船だった。というのも、アップルペイはその先見性では話題になったものの、普及がいまひとつだからだ。そのためアップルがまず自前でカードを発行して、それによって利用者がアップルペイに自分のカードを入れやすくして普及を図ろうとしているのだ。

このようにアップルはカード業界に積極的に参画してアップルペイの普及を図るとともに、アップルペイ・キャッシュで現金を取り込むことで、かつてのクレジットカード決済と現金決済の両方をiPhoneに集約しようとしている。カードを使ってもよく、カードを使わなくてもよし。すべての決済の中心的な存在になろうとしているのだ。

かつてVISAが世界中に専用線を張り巡らしてカード決済の全てを押さえようとしたように、新しい決済界の盟主をアップルは目指そうとしているようだ。

そしてアップルが目指すのなら、ライバルのグーグルが手をこまねいているわけはないし、楽天だって自分の経済圏の拡大に向けてテコ入れを図るだろう。

これからこの業界はますます混沌とし、予断を許さなくなる。


他方、これからのキャッシュレス化の行方を左右しそうな、もう一つの流れがある。それは店舗側の手数料負担をなくして、サービスを利用しやすくしようという流れである。

これは中国のアリペイが代表格。アリペイは当初から店舗から手数料を取らない戦略だった。新しいシステムを広めるにはまず店舗に普及させなければならない。どの店だって売り上げの3~4%の手数料を取られるのでは、導入を渋るに決まっている。だから手数料は取らないという考え方だ。

手数料収入の代わりに、アリペイはさまざまな付帯サービスによって利益を得るようにしている。その代表が消費者ローンの金利収入であり、ゴマ信用によって集まるビックデータを販売して得られる収入などである。そうした収入があるので、加盟店手数料に頼らなくてもやっていける体制ができている。

米・アップルのクレジットカードと現金を取り込む金融包括型の戦略と、中国・アリペイの加盟店手数料をゼロにしてハードルを下げて普及させていく戦略が、今後は互いに刺激しあい、牽制しあって、キャッシュレス社会がますます発展していくことだろう。その渦の中からさらなる新しいキャッシュレスのかたちが生まれてくるかもしれない。

さらにカナダのような流れも加わる。カナダではクレジットカードの仕組みを根本から変えた。彼の国では、買い物をするときには、現金を使うよりもカードを使ったほうが安く買えるようになっている。国が支援してカード利用に下駄を履かせてキャッシュレス化を促進しているのだ。それによってカナダは、中国に次ぐ世界有数のキャッシュレス大国となったのだ。

こういった世界の流れを見ても、日本のキャッシュレス化がますます加速していくことは間違いないだろう。その流れに取り残されないようにだけはしておきたい。

個人情報の不正流出を阻止するには

最後に、キャッシュレス社会の進展で懸念される個人情報の取り扱いの行方について触れておこう。

2018年3月にFacebook（フェイスブック）の8700万人もの個人情報がコンサルティング会社によって不正に取得され、なおかつ特定の政治目的のために利用された可能性があるとして大問題になった。

日本でも同じような問題が起こっている。2018年3月、日本年金機構が年金データの入力を委託していた情報処理会社が中国の業者に再委託していたことが発覚。個人情報管理の杜撰《ずさん》さ、個人情報の取り扱いに関する意識の低さがあらためて浮き彫りになった。

こうしたことを考えると、基本的には国民一人ひとりが自らの個人情報のほかへの転売を禁止するといった姿勢を強く打ち出すことが重要になる。

身近なところでは、近くの店に行くと必ず「Tポイントカードはお持ちですか」と聞かれる。Tポイントの加盟店数は多い。それらの店でもらえるポイントは自分の購買情報を提供しているからで、親切心でくれているわけではない。そのことはよく知っておいてほしい。

さらにＩＴの進歩で大量のデータが処理できるようになり、ＳＮＳの活用も可能になった。そのおかげで大企業は膨大な量の情報を駆使していまの時代に合わせた効果的なマーケティングを行っている。

しかし、日本人はポイントの対価に無頓着である。私がレンタルＤＶＤを借りると、共通ポイントを獲得したという知らせとともに決まって焼肉チェーン店の割引券が出てくる。その店も同じ共通ポイントの加盟店なので私の情報を分析して提供してくれるのだが、あまりにたびたびなので、うるさく感じてしまった。これなどはビッグデータを分析して行われているマーケティングの結果である。

しかし、クーポンレベルの話で収まっているのであれば、まだいい。これが政治利用されるとなると怖い。

フェイスブックで起きた事件はまさにそれだった。８７００万件に及ぶ個人情報は、広告だけでなく米国大統領選にも使われ、トランプ大統領誕生に一役買ったといわれている。

そんな流れもあって、欧州では２０１８年5月25日から個人情報を守るための新規制が導入された。これは「一般データ保護規則」（ＧＤＰＲ）と呼ばれる法律。対象はＥＥＡ（欧州経済領域）だが、アマゾン、グーグル、フェイスブックといった巨大企業が情報や富を独占する流れを押しとどめようとするのが目的だといわれる。

企業が顧客の名前や住所、勤務先のメールアドレスなど個人を識別できるあらゆる情報を域外に移すことを禁止するもので、違反すると巨額の罰金を取られる。

この法律は以前から用意されていたが、フェイスブックの個人情報不正利用が発覚して一気に注目を集めている。

この欧州の動きが世界に影響を与えるのはほぼ確実で、今後は個人情報の取り扱いを厳重に規制する動きが出てくるだろう。シリコンバレーのＩＴ企業、アップル、グーグル、アマゾン、それにフェイスブックも個人情報の移動を禁止されるわけで深刻な影響を受けることは間違いない。そのため、早々に何らかのかたちで対応すると見られている。

その流れは、確実に日本にも及んでくるはずだ。その結果、日本でも個人の意思を尊重して、広告への利用を拒否できたり、ほかの企業への個人情報の転売を禁止する項目がクレジットカードやポイントカードの契約書に登場するようになれば、より安心したキャッシュレスライフを送れるだろう。

そうなれば、政府の目標は意外に早く達成できるかもしれない。


（了）

編集協力／齋藤則教
ＤＴＰ・図版作成／エヌケイクルー

青春新書
INTELLIGENCE

こころ涌き立つ「知」の冒険

いまを生きる

〝青春新書〟は昭和三一年に——若い日に常にあなたの心の友として、その糧となり実になる多様な知恵が、生きる指標として勇気と力になり、すぐに役立つ——をモットーに創刊された。

そして昭和三八年、新しい時代の気運の中で、新書〝プレイブックス〟にその役目のバトンを渡した。「人生を自由自在に活動《プレイ》する」のキャッチコピーのもと——すべてのうっ積を吹きとばし、自由闊達な活動力を培養し、勇気と自信を生み出す最も楽しいシリーズ——となった。

いまや、私たちはバブル経済崩壊後の混沌とした価値観のただ中にいる。その価値観は常に未曾有の変貌を見せ、社会は少子高齢化し、地球規模の環境問題等は解決の兆しを見せない。私たちはあらゆる不安と懐疑に対峙している。

本シリーズ〝青春新書インテリジェンス〟はまさに、この時代の欲求によってプレイブックスから分化・刊行された。それは即ち、「心の中に自らの青春の輝きを失わない旺盛な知力、活力への欲求」に他ならない。応えるべきキャッチコピーは「こころ涌き立つ〝知〟の冒険」である。

予測のつかない時代にあって、一人ひとりの足元を照らし出すシリーズでありたいと願う。青春出版社は本年創業五〇周年を迎えた。これはひとえに長年に亘る多くの読者の熱いご支持の賜物である。社員一同深く感謝し、より一層世の中に希望と勇気の明るい光を放つ書籍を出版すべく、鋭意志すものである。

平成一七年

刊行者　小澤源太郎

著者紹介

岩田昭男〈いわた あきお〉

消費生活ジャーナリスト。ＮＰＯ法人「消費生活とカード教育を考える会」理事長。1952年生まれ。早稲田大学第一文学部卒業、同大学院修士課程修了。月刊誌記者などを経て独立。流通、情報通信、金融分野を中心に活動する。クレジットカードについては30年にわたり取材を続けている第一人者で、「岩田昭男の上級カード道場」で情報発信を続けるほか、All About（オールアバウト）の「クレジットカード」のガイドを務めるなど、幅広く活躍中。おもな著書に『Suicaが世界を制覇する』（朝日新書）、『挑戦と逆転の切り札』（幻冬舎）、『「信用偏差値」——あなたを格付けする』（文春新書）ほか多数。

電子《でんし》マネー、スマホ決済《けっさい》…

キャッシュレスで得《とく》する！

お金《かね》の新常識《しんじょうしき》

青春新書 INTELLIGENCE

2018年７月15日　第１刷

著　者　岩《いわ》田《た》昭《あき》男《お》

発行者　小澤源太郎

責任編集　株式会社プライム涌光

電話　編集部　03(3203)2850

発行所　東京都新宿区若松町12番１号 〒162-0056　株式会社青春出版社

電話　営業部　03(3207)1916　振替番号　00190-7-98602

印刷・中央精版印刷　製本・ナショナル製本

ISBN978-4-413-04546-9